Delicii din Bucătăria Indiană

Rețete pentru O Aventură Culinara Aromatică

Rajesh Kumar

Cuprins

Doza instantanee 18
    Ingrediente 18
    Metodă 19
rulada de cartofi dulci 20
    Ingrediente 20
    Metodă 20
Clatite cu cartofi 21
    Ingrediente 21
    Metodă 22
Murgh Malai Kebab 23
    Ingrediente 23
    Metodă 24
Keema Puffs 25
    Ingrediente 25
    Metodă 26
ou pakoda 28
    Ingrediente 28
    Metodă 28
Doza de ou 29
    Ingrediente 29
    Metodă 30
Khasta Kachori 31
    Ingrediente 31

Metodă	32
Amestecul de leguminoase Dhokla	33
Ingrediente	33
Metodă	34
Frankie	35
Ingrediente	35
Metodă	36
Deliciu de besan și brânză	37
Ingrediente	37
Pentru amestecul de fasole:	37
Metodă	38
Chilli Idli	39
Ingrediente	39
Metodă	39
Canape cu spanac	40
Ingrediente	40
Metodă	41
Paushtik Chaat	42
Ingrediente	42
Metodă	43
Rulada de varză	44
Ingrediente	44
Metodă	45
pâine cu roșii	46
Ingrediente	46
Metodă	46
Biluțe de porumb și brânză	47

- Ingrediente 47
  - Metodă 47
- Fulgi de porumb Chivda 48
  - Ingrediente 48
  - Metodă 49
- Rulada de nucă 50
  - Ingrediente 50
  - Metodă 51
- Sarmale cu carne tocată 52
  - Ingrediente 52
  - Metodă 53
- Pav Bhaji 54
  - Ingrediente 54
  - Metodă 55
- cotlet de soia 56
  - Ingrediente 56
  - Metodă 56
- Bhel Corn 58
  - Ingrediente 58
  - Metodă 58
- Methi Gota 59
  - Ingrediente 59
  - Metodă 60
- Idli 61
  - Ingrediente 61
  - Metodă 61
- Idli Plus 62

- Ingrediente 62
- Metodă 63
- Sandwich Masala 64
  - Ingrediente 64
  - Metodă 65
- Kebab cu mentă 66
  - Ingrediente 66
  - Metodă 66
- Legume Sevia Upma 67
  - Ingrediente 67
  - Metodă 68
- Bhel 69
  - Ingrediente 69
  - Metodă 69
- Sabudana Khichdi 70
  - Ingrediente 70
  - Metodă 71
- Dhokla simplu 72
  - Ingrediente 72
  - Metodă 73
- Cartofi Jaldi 74
  - Ingrediente 74
  - Metodă 74
- portocaliu dhokla 75
  - Ingrediente 75
  - Metodă 76
- Varză Muthia 77

Ingrediente 77

Metodă 78

Rava Dhokla 79

Ingrediente 79

Metodă 79

Chapatti Upma 80

Ingrediente 80

Metodă 81

Mung Dhokla 82

Ingrediente 82

Metodă 82

cotlet de carne mughlai 83

Ingrediente 83

Metodă 84

Masala Vada 85

Ingrediente 85

Metodă 85

Varza Chivda 86

Ingrediente 86

Metodă 87

Pâine Besan Bhajji 88

Ingrediente 88

Metodă 88

Methi Seekh Kebab 89

Ingrediente 89

Metodă 89

Jhinga Hariyali 90

Ingrediente 90

    Metodă 91

Methi Adai 92

    Ingrediente 92

    Metodă 93

Mazăre Chaat 94

    Ingrediente 94

    Metodă 94

Shingada 95

    Ingrediente 95

    Pentru patiserie: 95

    Metodă 96

Ceapa Bhajia 97

    Ingrediente 97

    Metodă 97

Bagani Murgh 98

    Ingrediente 98

    Pentru marinata: 99

    Metodă 99

Tikki de cartofi 100

    Ingrediente 100

    Metodă 101

Vada de cartofi dulci 102

    Ingrediente 102

    Metodă 103

Mini kebab de pui 104

    Ingrediente 104

Metodă	105
Risole de linte	106
Ingrediente	106
Metodă	107
Poha nutritiv	108
Ingrediente	108
Metodă	108
Fasole uzuală	109
Ingrediente	109
Metodă	110
Pâine Chutney Pakoda	111
Ingrediente	111
Metodă	111
Methi Khakra Delight	112
Ingrediente	112
Metodă	112
cotlet verde	113
Ingrediente	113
Metodă	114
Handvo	115
Ingrediente	115
Metodă	116
Ghugra	117
Ingrediente	117
Metodă	117
Kebab cu banane	119
Ingrediente	119

Metodă 119
Empanadas de legume 120
    Ingrediente 120
    Metodă 121
Fasole Bhel încolțită 122
    Ingrediente 122
    Pentru garnitura: 122
    Metodă 123
Aloo Kachori 124
    Ingrediente 124
    Metodă 124
Dieta Dosa 126
    Ingrediente 126
    Metodă 126
Nutri Roll 128
    Ingrediente 128
    Metodă 129
Sabudana Palak Doodhi Uttapam 130
    Ingrediente 130
    Metodă 131
Poha 132
    Ingrediente 132
    Metodă 133
Cotlet de legume 134
    Ingrediente 134
    Metodă 135
Upit de soia 136

    Ingrediente 136

    Metodă 137

Upma 138

    Ingrediente 138

    Metodă 139

Vermicelli Upma 140

    Ingrediente 140

    Metodă 141

Bonda 142

    Ingrediente 142

    Metodă 143

Dhokla instant 144

    Ingrediente 144

    Metodă 145

Dhal Maharani 146

    Ingrediente 146

    Metodă 147

Milagu Kuzhambu 148

    Ingrediente 148

    Metodă 149

Dhal Hariyali 150

    Ingrediente 150

    Metodă 151

Dhalcha 152

    Ingrediente 152

    Metodă 153

Tarkari Dhalcha 154

Ingrediente 154

Metodă 155

Dhokar Dhalna 156

Ingrediente 156

Metodă 157

Varan 158

Ingrediente 158

Metodă 158

Dhal dulce 159

Ingrediente 159

Metodă 160

Dhal dulce-acru 161

Ingrediente 161

Metodă 162

Mung-ni-Dhal 163

Ingrediente 163

Metodă 164

Dhal cu ceapă și nucă de cocos 165

Ingrediente 165

Metodă 166

Dahi Kadhi 167

Ingrediente 167

Metodă 168

spanac dhal 169

Ingrediente 169

Metodă 170

Tawker Dhal 171

Ingrediente 171

Metodă 172

Dhal de bază 173

Ingrediente 173

Metodă 174

Maa-ki-Dhal 175

Ingrediente 175

Metodă 176

Dhansak 177

Ingrediente 177

Pentru amestecul de dhal: 177

Metodă 178

Masoor Dhal 179

Ingrediente 179

Metodă 179

Panchemel Dhal 180

Ingrediente 180

Metodă 181

Cholar Dhal 182

Ingrediente 182

Metodă 183

Dilpasand Dhal 184

Ingrediente 184

Metodă 185

Dhal Masoor 186

Ingrediente 186

Metodă 187

Dhal cu vinete ... 188
    Ingrediente ... 188
    Metodă ... 189
Dhal Tadka galbenă ... 190
    Ingrediente ... 190
    Metodă ... 190
Rasam ... 192
    Ingrediente ... 192
    Pentru amestecul de condimente: ... 192
    Metodă ... 193
Mung Dhal simplu ... 194
    Ingrediente ... 194
    Metodă ... 194
Mung verde întreg ... 195
    Ingrediente ... 195
    Metodă ... 196
Dahi Kadhi cu Pakoras ... 197
    Ingrediente ... 197
    Pentru kadhi: ... 197
    Metodă ... 198
Sweet Green Mango Dhal ... 199
    Ingrediente ... 199
    Metodă ... 200
Malai Dhal ... 201
    Ingrediente ... 201
    Metodă ... 202
Sambhar ... 203

Ingrediente 203
    Pentru condimente: 203
    Metodă 204
trei dhal 205
    Ingrediente 205
    Metodă 206
Methi-Drumstick Sambhar 207
    Ingrediente 207
    Metodă 208
Dhal Shorba 209
    Ingrediente 209
    Metodă 209
Mung delicios 211
    Ingrediente 211
    Metodă 212
Masala Toor Dhal 213
    Ingrediente 213
    Metodă 214
Mung Dhal galben uscat 215
    Ingrediente 215
    Metodă 215
intreaga urad 216
    Ingrediente 216
    Metodă 217
Dhal Fry 218
    Ingrediente 218
    Metodă 219

Doza instantanee

(Crêpă instant de orez)

acum 10-12

Ingrediente

85 g/3 oz făină de orez

45 g/1½ oz făină de grâu integral

45 g/1½ oz făină albă simplă

25 g / puțin 1 oz gris

60g/2oz besan*

1 lingurita chimen macinat

4 ardei iute verzi tocati marunt

2 linguri smantana

Sarat la gust

120 ml/4 fl oz ulei vegetal rafinat

Metodă

- Amestecă toate ingredientele, cu excepția uleiului, cu suficientă apă pentru a face un aluat gros, asemănător turnat.

- Încinge o tigaie și toarnă în ea o linguriță de ulei. Se toarnă 2 linguri de aluat și se întinde cu dosul unei linguri pentru a face o crep.

- Gatiti la foc mic pana ce fundul devine maro auriu. Întoarceți și repetați.

- Scoateți cu grijă cu o spatulă. Repetați pentru restul aluatului.

- Se serveste fierbinte cu orice chutney.

rulada de cartofi dulci

Porți 15-20

Ingrediente

4 cartofi dulci mari, aburiți și piureați

175 g/6 oz făină de orez

4 linguri de miere

20 de caju, usor prajite si tocate

20 de stafide

Sarat la gust

2 lingurite de seminte de susan

Ghee pentru prăjit

Metodă

- Se amestecă toate ingredientele, cu excepția ghee-ului și a semințelor de susan.

- Rulați în bile de mărimea unei nuci și rulați în seminţe de susan pentru a le acoperi.

- Se încălzește ghee-ul într-o tigaie. Se prăjesc biluțele la foc mediu până se rumenesc. Se serveste fierbinte.

Clatite cu cartofi

acum 30

Ingrediente

6 cartofi mari, 3 rasi plus 3 fierti si pasati

2 oua

2 linguri de faina alba fara aroma

½ linguriță piper negru proaspăt măcinat

1 ceapa mica tocata marunt

120 ml lapte

60 ml/2 fl oz ulei vegetal rafinat

1 lingurita sare

2 linguri de ulei

Metodă

- Se amestecă toate ingredientele, cu excepția uleiului, pentru a forma un aluat gros.

- Încinge o tigaie plată și întinde uleiul pe ea. Puneți 2-4 linguri mari de aluat și întindeți ca o clătită.

- Gatiti fiecare parte la foc mediu timp de 3-4 minute pana cand clatita devine maro aurie si crocanta pe margini.

- Repetați pentru restul aluatului. Se serveste fierbinte.

Murgh Malai Kebab

(frigaruie cremoasa de pui)

25-30 porții

Ingrediente

1 lingurita pasta de ghimbir

1 lingurita pasta de usturoi

2 ardei iute verzi

25 g frunze de coriandru, tocate mărunt

3 linguri de smântână

1 lingurita faina alba simpla

125 g/4½ oz brânză cheddar rasă

1 lingurita sare

500g/1lb 2oz pui dezosat, tocat fin

Metodă

- Se amestecă toate ingredientele, cu excepția puiului.

- Marinați bucățile de pui cu amestecul timp de 4-6 ore.

- Puneți într-o tavă rezistentă la cuptor și coaceți la 165 °C (325 °F, marca de gaz 4) timp de aproximativ 20-30 de minute, până când puiul devine maro deschis.

- Se serveste fierbinte cu chutney de menta

Keema Puffs

(Aperitive umplute cu carne tocată)

acum 12

Ingrediente

250 g/9 oz făină albă fără aromă

½ lingură de sare

½ linguriță de praf de copt

1 lingură ghee

100 ml / 3½ fl oz apă

2 linguri ulei vegetal rafinat

2 cepe medii, tocate mărunt

¾ linguriță de pastă de ghimbir

¾ linguriță de pastă de usturoi

6 ardei iute verzi tocati marunt

1 rosie mare, tocata marunt

½ linguriță de turmeric

½ linguriță de pudră de chili

1 lingurita garam masala

125 g/4½ oz mazăre congelată

4 linguri de iaurt

2 linguri de apa

50g/1¾oz frunze de coriandru, tocate mărunt

500 g / 1 lb 2 oz pui, tocat

Metodă

- Cerneți făina, sarea și drojdia. Adăugați ghee-ul și apa. Se framanta pentru a forma un aluat. Se lasa sa se odihneasca 30 de minute si se framanta din nou. Pus deoparte.

- Încinge uleiul într-o cratiță. Adăugați ceapa, pasta de ghimbir, pasta de usturoi și ardei iute verzi. Se prăjește 2 minute la foc mediu.

- Adăugați roșia, turmeric, praf de chilli, garam masala și puțină sare. Se amestecă bine și se fierbe timp de 5 minute, amestecând des.

- Se adauga mazarea, iaurtul, apa, frunzele de coriandru si puiul tocat. Amesteca bine. Gatiti 15 minute, amestecand din cand in cand, pana se usuca amestecul. Pus deoparte.

- Întindeți aluatul într-un disc mare. Tăiați într-o formă pătrată, apoi tăiați 12 dreptunghiuri mici din pătrat.

- Așezați amestecul de carne de vită măcinată în centrul fiecărui dreptunghi și rulați ca un ambalaj de bomboane.

- Coaceți în cuptor la 175 °C (350 °F, marca de gaz 4) timp de 10 minute. Se serveste fierbinte.

ou pakoda

(sandviş cu ou prăjit)

acum 20

Ingrediente

3 oua, batute

3 felii de paine, taiate in patru

125 g/4½ oz brânză cheddar rasă

1 ceapa tocata marunt

3 ardei iute verzi tocati marunt

1 lingura frunze de coriandru tocate

½ lingurita piper negru macinat

½ linguriță de pudră de chili

Sarat la gust

Ulei vegetal rafinat pentru prajit

Metodă

- Se amestecă toate ingredientele, cu excepția uleiului.

- Încinge uleiul într-o tigaie. Adăugați linguri de amestec. Se prăjeşte la foc mediu până se rumeneşte.

- Scurgeți pe hârtie absorbantă. Se serveste fierbinte.

Doza de ou

(crepeta cu ou si orez)

acum 12-14

Ingrediente

150 g/5½ oz urad dhal*

100 g/3½ oz orez aburit

Sarat la gust

4 oua batute

Piper negru măcinat după gust

25 g/1 oz ceapă rară, tocată mărunt

2 linguri frunze de coriandru tocate

1 lingura ulei vegetal rafinat

1 lingura de unt

Metodă

- Înmuiați dhal și orez împreună timp de 4 ore. Adăugați sare și pisați până obțineți un aluat gros. Lăsați-l să fermenteze peste noapte.

- Se unge și se încălzește o tigaie plată. Întindeți pe el 2 linguri de aluat.

- Se toarnă 3 linguri de ou peste aluat. Se presara frunze de ardei, ceapa si coriandru. Se toarnă puțin ulei pe margini și se fierbe timp de 2 minute. Întoarceți cu grijă și gătiți încă 2 minute.

- Repetați pentru restul aluatului. Pune o bucată de unt pe fiecare doză și servește fierbinte cu chutney de nucă de cocos.

Khasta Kachori

(Găluște de linte prăjită picant)

12-15 porții

Ingrediente

200g/7oz besan*

300 g/10 oz făină albă simplă

Sarat la gust

200 ml/7 fl oz apă

2 linguri ulei vegetal rafinat mai mult pentru prajit

Un praf de asafoetida

225 g/8 oz mung dhal*, înmuiat timp de o oră și scurs

1 lingurita turmeric

1 lingurita coriandru macinat

4 lingurițe de semințe de fenicul

2-3 dinți

1 lingura frunze de coriandru tocate marunt

3 ardei iute verzi tocati marunt

2,5 cm/1 inch rădăcină de ghimbir, tocat mărunt

1 lingura frunze de menta tocate marunt

¼ linguriță de pudră de chili

1 lingurita amchoor*

Metodă

- Frământați fasolea, făina și puțină sare cu suficientă apă până obțineți un aluat ferm. Pus deoparte.

- Încinge uleiul într-o cratiță. Adăugați asafoetida și lăsați-o să sfârâie timp de 15 secunde. Adăugați dhal și prăjiți timp de 5 minute la foc mediu, amestecând continuu.

- Adăugați turmeric, coriandru măcinat, semințe de fenicul, cuișoare, frunze de coriandru, ardei iute verzi, ghimbir, frunze de mentă, pudră de ardei iute și amchoor. Se amestecă bine și se fierbe timp de 10-12 minute. Pus deoparte.

- Împărțiți aluatul în bile de mărimea unei lămâi. Aplatizați-le și întindeți-le în discuri mici de 12,5 cm în diametru.

- Pune o lingură de amestec de dhal în centrul fiecărui disc. Sigilați ca o pungă și aplatizați în puris. Pus deoparte.

- Încinge uleiul într-o cratiță. Prăjiți purisul până se umflă.

- Se serveste fierbinte cu chutney de nuca de cocos verde

Amestecul de leguminoase Dhokla

(Plăcintă de leguminoase amestecate la abur)

acum 20

Ingrediente

125 g/4½ oz fasole mung întregă*

125 g/4½ oz kaala chana*

60 g/2 oz gram turcesc

50g/1¾oz mazăre uscată

75 g/2½ oz fasole urad*

2 lingurite ardei iute verzi

Sarat la gust

Metodă

- Înmuiați fasole mung, kaala chana, gram turcesc și mazăre uscată. Înmuiați fasolea urad separat. Se lasa sa se odihneasca 6 ore.

- Măcinați toate ingredientele înmuiate împreună pentru a obține un aluat gros. Fermentați timp de 6 ore.

- Adăugați ardei iute verzi și sare. Se amestecă bine și se toarnă într-o formă rotundă de 20 cm și se fierbe la abur timp de 10 minute.

- Tăiați în formă de diamant. Serviți cu chutney de mentă

Frankie

acum 10-12

Ingrediente

1 lingurita chaat masala*

½ linguriță garam masala

½ linguriță de chimen măcinat

4 cartofi mari, fierți și piureați

Sarat la gust

10-12 chapatis

Ulei vegetal rafinat pentru ungere

2-3 ardei iute verzi, tocati marunt si inmuiati in otet alb

2 linguri frunze de coriandru tocate marunt

1 ceapa tocata marunt

Metodă

- Se amestecă chaat masala, garam masala, chimen măcinat, cartofi și sare. Se framanta bine si se rezerva.

- Încinge o tigaie și pune deasupra un chapatti.

- Ungeti putin ulei pe chapatti si intoarceti-l sa se prajeasca pe o parte. Repetați pe cealaltă parte.

- Întindeți un strat de amestec de cartofi uniform peste chapatti fierbinți.

- Presărați niște ardei iute verzi, frunze de coriandru și ceapă.

- Rulați chapatti astfel încât amestecul de cartofi să rămână înăuntru.

- Se prăjește chifla uscată în tigaie până se rumenește și se servește fierbinte.

Deliciu de besan și brânză

Porți 25

Ingrediente

2 oua

250 g/9 oz brânză cheddar rasă

1 lingurita piper negru macinat

1 lingurita mustar macinat

½ linguriță de pudră de chili

60 ml/2 fl oz ulei vegetal rafinat

Pentru amestecul de fasole:

50 g/1¾oz gris, prăjit uscat

375g/13oz besan*

200g/7oz varză mărunțită

1 lingurita pasta de ghimbir

1 lingurita pasta de usturoi

Un praf de copt

Sarat la gust

Metodă

- Bate bine 1 ou. Adăugați brânză cheddar, piper, muștar măcinat și praf de chili. Se amestecă bine și se lasă să stea.

- Amestecați ingredientele amestecului de besan. Transferați într-o formă rotundă de tort de 20 cm/8in și fierbeți la abur timp de 20 de minute. Când se răcește, se taie în 25 de bucăți și se întinde peste fiecare amestec de ouă și brânză.

- Încinge uleiul într-o cratiță. Prăjiți bucățile la foc mediu până se rumenesc. Se serveste fierbinte cu chutney de nuca de cocos verde

Chilli Idli

Pentru 4 persoane

Ingrediente

3 linguri ulei vegetal rafinat

1 linguriță de semințe de muștar

1 ceapă mică, tăiată felii

½ linguriță garam masala

1 lingura sos de rosii

4 idlis tocate

Sarat la gust

2 linguri frunze de coriandru

Metodă

- Încinge uleiul într-o cratiță. Adăugați semințele de muștar. Lasă-le să sfârâie timp de 15 secunde.

- Adăugați toate ingredientele rămase, cu excepția frunzelor de coriandru. Amesteca bine.

- Gatiti la foc mediu timp de 4-5 minute, amestecand usor. Se ornează cu frunze de coriandru. Se serveste fierbinte.

Canape cu spanac

acum 10

Ingrediente

2 linguri de unt

10 felii de pâine, tăiate în sferturi

2 linguri ghee

1 ceapa tocata marunt

300 g/10 oz spanac tocat fin

Sarat la gust

125 g/4½ oz brânză de capră, scursă

4 linguri de brânză cheddar rasă

Metodă

- Ungeți ambele părți ale bucăților de pâine și coaceți în cuptorul preîncălzit la 200 °C (400 °F, marcaj de gaz 6) timp de 7 minute. Pus deoparte.

- Se încălzește ghee-ul într-o cratiță. Prăjiți ceapa până devine aurie. Adăugați spanacul și sarea. Gatiti 5 minute. Adăugați brânza de capră și amestecați bine.

- Întindeți amestecul de spanac peste bucățile de pâine prăjită. Presărați niște brânză cheddar rasă deasupra și coaceți la cuptor la 130°C (250°F, Gas Mark ½) până când brânza se topește. Se serveste fierbinte.

Paushtik Chaat

(gustare sănătoasă)

Pentru 4 persoane

Ingrediente

3 lingurite ulei vegetal rafinat

½ linguriță de semințe de chimen

2,5 cm/1 inch rădăcină de ghimbir, zdrobită

1 cartof mic, fiert și tocat

1 lingurita garam masala

Sarat la gust

Piper negru măcinat după gust

250g/9oz fasole mung, fiartă

300 g/10 oz fasole conservată

Conserve de naut 300g/10oz

10 g/¼ oz frunze de coriandru, tocate

1 lingurita suc de lamaie

Metodă

- Încinge uleiul într-o cratiță. Adăugați semințele de chimen. Lasă-le să sfârâie timp de 15 secunde.
- Adăugați ghimbirul, cartofii, garam masala, sare și piper. Se caleste la foc mediu timp de 3 minute. Adăugați fasolea mung, fasolea și năutul. Gatiti la foc mediu timp de 8 minute.
- Se ornează cu frunze de coriandru și suc de lămâie. Se serveste rece.

Rulada de varză

Pentru 4 persoane

Ingrediente

1 lingură făină albă simplă

3 linguri de apă

Sarat la gust

2 linguri ulei vegetal rafinat mai mult pentru prajit

1 lingurita de seminte de chimen

100 g/3½ oz legume amestecate congelate

1 lingură de smântână

2 linguri paneer*

¼ linguriță de turmeric

1 lingurita pudra de chili

1 lingurita coriandru macinat

1 lingurita chimen macinat

8 frunze mari de varza, inmuiate in apa fierbinte 2-3 minute si scurse

Metodă

- Se amestecă făina, apa și sarea pentru a forma o pastă groasă. Pus deoparte.
- Încinge uleiul într-o cratiță. Adăugați semințele de chimen și lăsați-le să scuipe 15 secunde. Adăugați toate ingredientele rămase, cu excepția frunzelor de varză. Gatiti la foc mediu 2-3 minute, amestecand des.
- Puneți linguri din acest amestec în centrul fiecărei frunze de varză. Îndoiți frunzele și sigilați capetele cu pasta de făină.
- Încinge uleiul într-o tigaie. Înmuiați sarmale în pasta de făină și prăjiți-le. Se serveste fierbinte.

pâine cu roșii

acum 4

Ingrediente

1½ lingurita ulei vegetal rafinat

150 g/5½ oz piure de roșii

3-4 frunze de curry

2 ardei iute verzi tocati marunt

Sarat la gust

2 cartofi mari, fierti si feliati

6 felii de pesmet

10 g/¼ oz frunze de coriandru, tocate

Metodă

- Încinge uleiul într-o cratiță. Adăugați piure de roșii, frunze de curry, ardei iute și sare. Gatiti 5 minute.
- Adăugați cartofii și pâinea. Se fierbe timp de 5 minute.
- Se ornează cu frunze de coriandru. Se serveste fierbinte.

Biluțe de porumb și brânză

8-10 porții

Ingrediente

200 g/7 oz porumb dulce

250 g/9 oz brânză mozzarella rasă

4 cartofi mari, fierți și piureați

2 ardei iute verzi tocati marunt

2,5 cm/1 inch rădăcină de ghimbir, tocat mărunt

1 lingura frunze de coriandru tocate

1 lingurita suc de lamaie

50g/1¾oz pesmet

Sarat la gust

Ulei vegetal rafinat pentru prajit

50 g/1¾ oz gris

Metodă

- Într-un castron, amestecați toate ingredientele, mai puțin uleiul și grisul. Împărțiți în 8-10 bile.
- Încinge uleiul într-o cratiță. Se rulează biluțele în gris și se prăjesc la foc mediu până se rumenesc. Se serveste fierbinte.

Fulgi de porumb Chivda

(Gustare cu fulgi de porumb prăjiți)

Produce 500 g / 1 lb 2 oz

Ingrediente

250 g/9 oz alune

150 g/5½ oz chana dhal*

100 g/3½ oz stafide

125 g/4½ oz caju

200g/7oz fulgi de porumb

60 ml/2 fl oz ulei vegetal rafinat

7 ardei iute verzi, feliati

25 de frunze de curry

½ linguriță de turmeric

2 lingurite de zahar

Sarat la gust

Metodă

- Arahide prăjite uscate, chana dhal, stafide, caju şi fulgi de porumb până devin crocante. Pus deoparte.
- Încinge uleiul într-o cratiţă. Adăugaţi ardei iute verzi, frunze de curry şi turmeric. Se caleste la foc mediu timp de un minut.
- Adăugaţi zahăr, sare şi toate ingredientele prăjite. Se prăjeşte 2-3 minute.
- Se răceşte şi se păstrează într-un recipient ermetic până la 8 zile.

Rulada de nucă

Porți 20-25

Ingrediente

140 g/5 oz făină albă fără aromă

240 ml/8 fl oz lapte

1 lingura de unt

Sarat la gust

Piper negru măcinat după gust

½ lingurita frunze de coriandru, tocate marunt

3-4 linguri de brânză cheddar rasă

¼ linguriță de nucșoară rasă

125 g/4½ oz caju, măcinate grosier

125 g/4½ oz alune, măcinate grosier

50g/1¾oz pesmet

Ulei vegetal rafinat pentru prajit

Metodă

- Amestecați 85 g de făină cu laptele într-o cratiță. Adaugati untul si gatiti amestecul, amestecand continuu, la foc mic pana se ingroasa.
- Adăugați sare și piper. Lăsați amestecul să se răcească timp de 20 de minute.
- Adaugati frunzele de coriandru, branza cheddar, nucsoara, caju si alunele. Amesteca bine. Pus deoparte.
- Presărați jumătate din pesmet pe o tavă.
- Turnați lingurițe din amestecul de făină peste pesmet și rulați în rulouri. Pus deoparte.
- Amestecați restul de făină cu suficientă apă pentru a face un aluat subțire. Înmuiați ruladele în aluat și rulați-le din nou în pesmet.
- Încinge uleiul într-o cratiță. Prăjiți chiflele la foc mediu până se rumenesc.
- Se serveste fierbinte cu sos de rosii sau chutney de nuca de cocos verde

Sarmale cu carne tocată

acum 12

Ingrediente

1 lingura ulei vegetal rafinat plus extra pentru prajit

2 cepe tocate marunt

2 rosii, tocate marunt

½ lingură de pastă de ghimbir

½ lingură de pastă de usturoi

2 ardei iute verzi, feliați

½ linguriță de turmeric

½ linguriță de pudră de chili

¼ lingurita piper negru macinat

500 g / 1 lb 2 oz pui, tocat

200g/7oz mazăre congelată

2 cartofi mici, tăiați cubulețe

1 morcov mare, tăiat cubulețe

Sarat la gust

25 g frunze de coriandru, tocate mărunt

12 frunze mari de varză, prefierte

2 oua batute

100 g/3½ oz pesmet

Metodă

- Se încălzeşte 1 lingură de ulei într-o cratiţă. Prăjiţi ceapa până devine transparentă.
- Adăugaţi roşiile, pasta de ghimbir, pasta de usturoi, ardei iute verde, turmeric, praf de ardei iute şi ardei. Se amestecă bine şi se prăjeşte 2 minute la foc mediu.
- Se adauga puiul tocat, mazarea, cartofii, morcovii, sarea si frunzele de coriandru. Se fierbe timp de 20-30 de minute, amestecând din când în când. Răciţi amestecul timp de 20 de minute.
- Puneţi linguri de amestec de carne tocată pe o frunză de varză şi rulaţi-o. Repetaţi pentru foile rămase. Asiguraţi rulourile cu o scobitoare.
- Încinge uleiul într-o cratiţă. Înmuiaţi rulourile în ou, acoperiţi cu pesmet şi prăjiţi până se rumenesc.
- Scurgeti si serviti fierbinti.

Pav Bhaji

(Legume picante cu paine)

Pentru 4 persoane

Ingrediente

2 cartofi mari, fierti

200 g/7 oz legume mixte congelate (ardei verzi, morcovi, conopidă și mazăre)

2 linguri de unt

1½ linguriță de pastă de usturoi

2 cepe mari, ras

4 rosii mari, tocate

250 ml/8 fl oz apă

2 lingurite pav bhaji masala*

1½ linguriță de pudră de chili

¼ linguriță de turmeric

Suc de 1 lămâie

Sarat la gust

1 lingura frunze de coriandru tocate

Unt pentru prăjire

4 chifle de hamburger, tăiate în jumătate

1 ceapa mare, tocata marunt

Felii mici de lamaie

Metodă

- Maruntiti bine legumele. Pus deoparte.
- Se încălzeşte untul într-o cratiță. Adăugați pasta de usturoi și ceapa și căleți până când ceapa devine maro aurie. Se adauga rosiile si se calesc, amestecand din cand in cand, la foc mediu timp de 10 minute.
- Adăugați piureul de legume, apa, pav bhaji masala, pudra de ardei iute, turmericul, zeama de lămâie și sarea. Se fierbe până când sosul este gros. Se amestecă și se fierbe timp de 3-4 minute, amestecând continuu. Se presară frunzele de coriandru și se amestecă bine. Pus deoparte.
- Încinge o tigaie plată. Ungeți puțin unt și prăjiți chiflele de burger până devin crocante pe ambele părți.
- Servește amestecul de legume fierbinte cu chiflele, cu ceapa și feliile de lămâie în lateral.

cotlet de soia

acum 10

Ingrediente

300 g/10 oz mung dhal*, la macerat timp de 4 ore

Sarat la gust

400 g/14 oz granule de soia, înmuiate în apă caldă timp de 15 minute

1 ceapa mare, tocata marunt

2-3 ardei iute verzi, tocati marunt

1 lingurita amchoor*

1 lingurita garam masala

2 linguri frunze de coriandru tocate

Panoul de 150 g/5½ oz*sau tofu, ras

Ulei vegetal rafinat pentru prajit

Metodă

- Nu scurgeți dhal-ul. Adăugați sarea și gătiți într-o cratiță la foc mediu timp de 40 de minute. Pus deoparte.
- Scurgeți granulele de soia. Amestecați cu dhal și măcinați până obțineți o pastă groasă.

- Într-o cratiță antiaderentă, amestecați această pastă cu toate ingredientele rămase, cu excepția uleiului. Gatiti la foc mic pana se usuca.
- Împărțiți amestecul în bile de mărimea unei lămâi și modelați în cotlet.
- Încinge uleiul într-o cratiță. Prăjiți cotleturile până devin maro auriu.
- Se serveste fierbinte cu chutney de menta

Bhel Corn

(gustare picant cu porumb)

Pentru 4 persoane

Ingrediente

200 g/7 oz boabe de porumb fierte

100 g/3½ oz arpagic, tocat fin

1 cartof, fiert, curatat de coaja si tocat marunt

1 rosie, tocata marunt

1 castravete, tocat fin

10 g/¼ oz frunze de coriandru, tocate

1 lingurita chaat masala*

2 lingurite suc de lamaie

1 lingură chutney de mentă

Sarat la gust

Metodă

- Într-un bol, amestecați toate ingredientele pentru a se amesteca bine.
- Serviți imediat.

Methi Gota

(Găluște cu schinduf prăjit)

acum 20

Ingrediente

500g/1lb 2oz sărut*

45 g/1½ oz făină de grâu integral

125 g iaurt

4 linguri ulei vegetal rafinat plus extra pentru prajit

2 lingurite de bicarbonat de sodiu

50g/1¾oz frunze proaspete de schinduf, tocate mărunt

50g/1¾oz frunze de coriandru, tocate mărunt

1 banană coaptă, curățată și pasată

1 lingura seminte de coriandru

10-15 boabe de piper negru

2 ardei iute verzi

½ lingurita pasta de ghimbir

½ linguriță garam masala

Un praf de asafoetida

1 lingurita pudra de chili

Sarat la gust

Metodă

- Amesteca faina, faina si iaurtul.
- Adăugați 2 linguri de ulei și bicarbonatul de sodiu. Se lasa sa se odihneasca 2-3 ore.
- Adăugați toate ingredientele rămase, cu excepția uleiului. Se amestecă bine pentru a face un aluat gros.
- Se incinge 2 linguri de ulei si se adauga in aluat. Se amestecă bine și se lasă să stea 5 minute.
- Se încălzește uleiul rămas într-o cratiță. Puneți lingurițe mici de aluat în ulei și prăjiți pănă se rumenesc.
- Scurgeți pe hârtie absorbantă. Se serveste fierbinte.

Idli

(tort de orez la abur)

Pentru 4 persoane

Ingrediente

500g/1lb 2oz orez, înmuiat peste noapte

300g/10oz urad dhal*, înmuiat peste noapte

1 lingura de sare

Un praf de bicarbonat de sodiu

Ulei vegetal rafinat pentru ungere

Metodă

- Scurgeți orezul și dhal și pasați.
- Adăugați sarea și bicarbonatul de sodiu. Se lasa sa se odihneasca 8-9 ore sa fermenteze.
- Unge garniturile de cupcake. Turnați amestecul de orez și dhal în ele, astfel încât fiecare să fie plin pe jumătate. Se fierbe la abur timp de 10-12 minute.
- Scoate idlis-urile. Se serveste fierbinte cu chutney de cocos.

Idli Plus

(Prăjitură de orez la abur cu condimente)

Pentru 6

Ingrediente

500g/1lb 2oz orez, înmuiat peste noapte

300g/10oz urad dhal*, înmuiat peste noapte

1 lingura de sare

¼ linguriță de turmeric

1 lingura zahar pudra

Sarat la gust

1 lingura ulei vegetal rafinat

½ linguriță de semințe de chimen

½ linguriță de semințe de muștar

Metodă

- Scurgeți orezul și dhal și pasați.
- Se adauga sarea si se lasa 8-9 ore sa fermenteze.
- Adăugați turmeric, zahăr și sare. Se amestecă bine și se lasă să stea.
- Încinge uleiul într-o cratiță. Adăugați chimenul și semințele de muștar. Lasă-le să sfârâie timp de 15 secunde.
- Adăugați amestecul de orez și dhal. Acoperiți cu un capac și fierbeți timp de 10 minute.
- Descoperiți și întoarceți amestecul. Se acoperă din nou și se fierbe timp de 5 minute.
- Perforați idli-ul cu o furculiță. Daca furca iese curata, idli-ul este gata.
- Tăiați bucăți și serviți fierbinte cu chutney de nucă de cocos.

Sandwich Masala

Porți 6

Ingrediente

2 lingurite ulei vegetal rafinat

1 ceapa mica tocata marunt

¼ linguriță de turmeric

1 rosie mare, tocata marunt

1 cartof mare, fiert și piure

1 lingura mazare fiarta

1 lingurita chaat masala*

Sarat la gust

10 g/¼ oz frunze de coriandru, tocate

50g/1¾oz unt

12 felii de pâine

Metodă

- Încinge uleiul într-o cratiță. Se adaugă ceapa și se călește până devine transparent.
- Adăugați turmeric și roșii. Se caleste la foc mediu 2-3 minute.
- Adăugați cartofi, mazăre, chaat masala, sare și frunze de coriandru. Se amestecă bine și se fierbe timp de un minut la foc mic. Pus deoparte.
- Ungeți feliile de pâine. Așezați amestecul de legume pe șase felii. Acoperiți cu feliile rămase și puneți la grătar timp de 10 minute. Întoarceți și prăjiți din nou timp de 5 minute. Se serveste fierbinte.

Kebab cu mentă

Porți 8

Ingrediente

10 g/¼ oz frunze de menta, tocate marunt

500 g / 1 lb 2 oz brânză de capră, scursă

2 lingurite faina de porumb

10 caju, tocate

½ lingurita piper negru macinat

1 lingurita amchoor*

Sarat la gust

Ulei vegetal rafinat pentru prajit

Metodă

- Se amestecă toate ingredientele, cu excepția uleiului. Frământați până obțineți un aluat moale, dar ferm. Împărțiți-le în 8 bile de mărimea unei lămâi și aplatizați-le.
- Încinge uleiul într-o cratiță. Prăjiți frigăruile la foc mediu până se rumenesc.
- Se serveste fierbinte cu chutney de menta

Legume Sevia Upma

(Gustare de vermicelli de legume)

Pentru 4 persoane

Ingrediente

5 linguri ulei vegetal rafinat

1 ardei verde mare, tocat marunt

¼ de linguriță de semințe de muștar

2 ardei iute verzi, tăiați pe lungime

200 g/7 oz tăiței

8 frunze de curry

Sarat la gust

Un praf de asafoetida

50g/1¾oz fasole verde, tocată mărunt

1 morcov tocat fin

50g/1¾oz mazăre congelată

1 ceapa mare, tocata marunt

25 g frunze de coriandru, tocate mărunt

Suc de 1 lămâie (opțional)

Metodă

- Încinge 2 linguri de ulei într-o cratiță. Prăjiți ardeiul verde timp de 2-3 minute. Pus deoparte.
- Încinge 2 linguri de ulei într-o altă cratiță. Adăugați semințele de muștar. Lasă-le să sfârâie timp de 15 secunde.
- Adăugați ardei iute verzi și tăiței. Se prăjește 1-2 minute la foc mediu, amestecând din când în când. Adăugați frunze de curry, sare și asafoetida.
- Stropiți cu puțină apă și adăugați ardeiul verde prăjit, fasolea, morcovul, mazărea și ceapa. Se amestecă bine și se fierbe timp de 3-4 minute la foc mediu.
- Acoperiți cu un capac și gătiți încă un minut.
- Deasupra se presara frunze de coriandru si zeama de lamaie. Se serveste fierbinte cu chutney de cocos.

Bhel

(sandviș cu orez umflat)

Porții 4-6

Ingrediente

2 cartofi mari, fierti si taiati cubulete

2 cepe mari, tocate mărunt

125 g/4½ oz alune prăjite

2 linguri de chimion macinat, prajit uscat

Bhel Mix 300g/10oz

250 g/9 oz chutney de mango dulce și picant

60 g/2 oz chutney de mentă

Sarat la gust

25 g frunze de coriandru, tocate

Metodă

- Amestecați cartofii, ceapa, alunele și chimenul măcinat cu amestecul Bhel. Adăugați chutneys și sare. Se amestecă pentru a combina.
- Acoperiți cu frunze de coriandru. Serviți imediat.

Sabudana Khichdi

(Sandviș cu sago cu cartofi și alune)

Pentru 6

Ingrediente

300 g/10 oz sago

250 ml/8 fl oz apă

250 g/9 oz alune, măcinate grosier

Sarat la gust

2 lingurite de zahar pudra

25 g frunze de coriandru, tocate

2 linguri ulei vegetal rafinat

1 lingurita de seminte de chimen

5-6 ardei iute verzi tocati marunt

100 g/3½ oz cartofi, fierți și tocați

Metodă

- Înmuiați sago peste noapte în apă. Adăugați arahide, sare, zahăr pudră și frunze de coriandru și amestecați bine. Pus deoparte.
- Încinge uleiul într-o cratiță. Adăugați semințe de chimen și ardei iute verzi. Se prăjește aproximativ 30 de secunde.
- Adaugati cartofii si caliti 1-2 minute la foc mediu.
- Adăugați amestecul de sago. Se amestecă și se amestecă bine.
- Acoperiți cu un capac și fierbeți timp de 2-3 minute. Se serveste fierbinte.

Dhokla simplu

(tort simplu aburit)

Porţi 25

Ingrediente

250 g/9 oz chana dhal*, înmuiat peste noapte şi scurs

2 ardei iute verzi

1 lingurita pasta de ghimbir

Un praf de asafoetida

½ lingurita de bicarbonat de sodiu

Sarat la gust

2 linguri ulei vegetal rafinat

½ linguriţă de seminţe de muştar

4-5 frunze de curry

4 linguri nuca de cocos proaspata rasa

10 g/¼ oz frunze de coriandru, tocate

Metodă

- Se macină dhal până la o pastă grosieră. Se lasa la fermentat 6-8 ore.
- Adauga ardei iute verde, pasta de ghimbir, asafoetida, bicarbonat de sodiu, sare, 1 lingura ulei si putina apa. Amesteca bine.
- Unge o tavă rotundă de 20 cm/8 inci și umple-o cu aluat.
- Se fierbe la abur timp de 10-12 minute. Pus deoparte.
- Se încălzește uleiul rămas într-o cratiță. Adăugați semințele de muștar și frunzele de curry. Lasă-le să sfârâie timp de 15 secunde.
- Turnați asta peste dhoklas. Decorați cu frunze de cocos și coriandru. Tăiați în bucăți și serviți fierbinți.

Cartofi Jaldi

Pentru 4 persoane

Ingrediente

2 lingurite ulei vegetal rafinat

1 lingurita de seminte de chimen

1 ardei iute verde, tocat

½ lingurita sare neagra

1 lingurita amchoor*

1 lingurita coriandru macinat

4 cartofi mari, fierti si taiati cubulete

2 linguri frunze de coriandru tocate

Metodă

- Încinge uleiul într-o cratiță. Adăugați semințele de chimen și lăsați-le să scuipe 15 secunde.
- Adăugați toate ingredientele rămase. Amesteca bine. Se fierbe timp de 3-4 minute. Se serveste fierbinte.

portocaliu dhokla

(tort cu portocale la abur)

Porți 25

Ingrediente

50 g/1¾ oz gris

250g/9oz besan*

250 ml/8 fl oz smântână

Sarat la gust

100 ml / 3½ fl oz apă

4 catei de usturoi

1 cm / ½ inch rădăcină de ghimbir

3-4 ardei iute verzi

100 g/3½ oz morcovi rasi

¾ lingurita de bicarbonat de sodiu

¼ linguriță de turmeric

Ulei vegetal rafinat pentru ungere

1 linguriță de semințe de muștar

10-12 frunze de curry

50g/1¾oz nucă de cocos rasă

25 g frunze de coriandru, tocate mărunt

Metodă

- Amesteca grisul, fasolea, smantana, sarea si apa. Lăsați la fermentat peste noapte.
- Măcinați usturoiul, ghimbirul și ardeiul iute împreună.
- Adăugați în aluatul fermentat împreună cu morcovul, bicarbonatul de sodiu și turmeric. Amesteca bine.
- Ungeți o tavă rotundă de 20 cm cu puțin ulei. Turnați aluatul în el. Se fierbe la abur timp de aproximativ 20 de minute. Se lasa sa se raceasca si se taie bucatele.
- Se incinge putin ulei intr-o cratita. Adăugați semințele de muștar și frunzele de curry. Prăjiți-le timp de 30 de secunde. Turnați asta peste bucățile de dhokla.
- Decorați cu frunze de cocos și coriandru. Se serveste fierbinte.

Varză Muthia

(Nuggets de varză la abur)

Pentru 4 persoane

Ingrediente

250 g/9 oz făină integrală de grâu

100 g/3½ oz varză mărunțită

½ lingurita pasta de ghimbir

½ lingurita pasta de usturoi

Sarat la gust

2 lingurite de zahar

1 lingura suc de lamaie

2 linguri ulei vegetal rafinat

1 linguriță de semințe de muștar

1 lingura frunze de coriandru tocate

Metodă

- Amesteca faina, varza, pasta de ghimbir, pasta de usturoi, sare, zahar, zeama de lamaie si 1 lingura ulei. Frământați până obțineți un aluat flexibil.
- Faceți 2 rulouri lungi cu aluatul. Se fierbe la abur timp de 15 minute. Se lasa sa se raceasca si se taie in felii. Pus deoparte.
- Se încălzește uleiul rămas într-o cratiță. Adăugați semințele de muștar. Lasă-le să sfârâie timp de 15 secunde.
- Adăugați chiflele feliate și prăjiți la foc mediu până se rumenesc. Se ornează cu frunze de coriandru și se servește fierbinte.

Rava Dhokla

(tort cu gris la abur)

15-18 porții

Ingrediente

200g/7oz gris

240 ml/8 fl oz smântână

2 lingurite ardei iute verzi

Sarat la gust

1 lingurita pudra de chili rosu

1 lingurita piper negru macinat

Metodă

- Se amestecă grisul și smântâna. Fermentați timp de 5-6 ore.
- Adăugați ardei iute verzi și sare. Amesteca bine.
- Puneți amestecul de gris într-o formă rotundă de tort de 20 cm/8 inci. Se presară cu praf de chilli și piper. Se fierbe la abur timp de 10 minute.
- Tăiați bucăți și serviți fierbinți cu chutney de mentă.

Chapatti Upma

(Gustare rapidă Chapati)

Pentru 4 persoane

Ingrediente

6 chapatis rămase tăiate în bucăți mici

2 linguri ulei vegetal rafinat

¼ de linguriță de semințe de muștar

10-12 frunze de curry

1 ceapa medie tocata

2-3 ardei iute verzi, tocati marunt

¼ linguriță de turmeric

Suc de 1 lămâie

1 lingurita de zahar

Sarat la gust

10 g/¼ oz frunze de coriandru, tocate

Metodă

- Încinge uleiul într-o cratiță. Adăugați semințele de muștar. Lasă-le să sfârâie timp de 15 secunde.
- Adăugați frunze de curry, ceapă, ardei iute și turmeric. Se caleste la foc mediu pana ce ceapa devine maro deschis. Adăugați chapatis.
- Stropiți cu suc de lămâie, zahăr și sare. Se amestecă bine și se fierbe la foc mediu timp de 5 minute. Se ornează cu frunze de coriandru și se servește fierbinte.

Mung Dhokla

(Prăjitură Mung la abur)

acum vreo 20

Ingrediente

250 g/9 oz mung dhal*, la macerat timp de 2 ore

150 ml/5 fl oz smântână

2 linguri de apa

Sarat la gust

2 morcovi rasi sau 25 g / putina 1 oz varza tocata

Metodă

- Scurgeți dhalul și zdrobiți-l.
- Se adauga smantana si apa si se lasa la fermentat 6 ore. Adaugam sarea si amestecam bine pentru a face aluatul.
- Unge o tavă rotundă de 20 cm/8 inci și toarnă aluatul în ea. Se presară morcovi sau varză. Se fierbe la abur timp de 7-10 minute.
- Tăiați în bucăți și serviți cu chutney de mentă

cotlet de carne mughlai

(cotlet de carne delicios)

acum 12

Ingrediente

1 lingurita pasta de ghimbir

1 lingurita pasta de usturoi

Sarat la gust

500g/1lb 2oz miel dezosat, tocat

240 ml/8 fl oz apă

1 lingura chimen macinat

¼ linguriță de turmeric

Ulei vegetal rafinat pentru prajit

2 oua batute

50g/1¾oz pesmet

Metodă

- Se amestecă pasta de ghimbir, pasta de usturoi şi sarea. Marinaţi mielul cu acest amestec timp de 2 ore.
- Într-o cratiţă, gătiţi mielul cu apă la foc mediu până se înmoaie. Rezervaţi bulionul şi rezervaţi mielul.
- Adăugaţi chimenul şi turmericul în bulion. Amesteca bine.
- Transferaţi bulionul într-o cratiţă şi fierbeţi până când apa se evaporă. Marinaţi din nou mielul cu acest amestec timp de 30 de minute.
- Încinge uleiul într-o cratiţă. Înmuiaţi fiecare bucată de miel în oul bătut, rulaţi în pesmet şi prăjiţi până se rumeneşte. Se serveste fierbinte.

Masala Vada

(găluște prăjite picante)

Porți 15

Ingrediente

300 g/10 oz chana dhal*, înmuiat în 500 ml/16 fl oz de apă timp de 3-4 ore

50g/1¾oz ceapă, tocată mărunt

25 g frunze de coriandru, tocate

25 g frunze de mărar, tocate mărunt

½ linguriță de semințe de chimen

Sarat la gust

3 linguri ulei vegetal rafinat plus extra pentru prajit

Metodă

- Se macină grosier dhal. Se amestecă cu toate ingredientele, cu excepția uleiului.
- Adăugați 3 linguri de ulei la amestecul de dhal. Faceți burgeri rotunzi, plati.
- Se încălzește uleiul rămas într-o tigaie. Prăjiți burgerii. Se serveste fierbinte.

Varza Chivda

(Sandwich cu varză și orez bătut)

Pentru 4 persoane

Ingrediente

100 g/3½ oz varză, tocată mărunt

Sarat la gust

3 linguri ulei vegetal rafinat

125 g/4½ oz alune

150 g/5½ oz chana dhal*, friptură

1 linguriță de semințe de muștar

Un praf de asafoetida

200 g/7 oz poha*, înmuiat în apă

1 lingurita pasta de ghimbir

4 lingurite de zahar

1 ½ lingurita suc de lamaie

25 g frunze de coriandru, tocate

Metodă

- Se amestecă varza cu sarea şi se lasă să se odihnească 10 minute.
- Încinge 1 lingură de ulei într-o tigaie. Prăjiţi alunele şi chana dhal timp de 2 minute la foc mediu. Scurgeţi şi rezervaţi.
- Se încălzeşte uleiul rămas într-o tigaie. Se prajesc semintele de mustar, asafoetida si varza timp de 2 minute. Stropiţi puţină apă, acoperiţi cu un capac şi gătiţi la foc mic timp de 5 minute. Adăugaţi poha, pasta de ghimbir, zahăr, sucul de lămâie şi sarea. Se amestecă bine şi se fierbe timp de 10 minute.
- Se ornează cu frunze de coriandru, alune prăjite şi dhal. Se serveste fierbinte.

Pâine Besan Bhajji

(sandviş cu pâine şi făină de năut)

acum 32

Ingrediente

175g/6oz besan*

1250 ml/5 fl oz apă

½ linguriță de semințe de ajowan

Sarat la gust

Ulei vegetal rafinat pentru prajit

8 felii de pâine, tăiate în jumătate

Metodă

- Faceți un aluat gros amestecând besanul cu apa. Adăugați semințele de ajowan şi sare. Bate bine.
- Încinge uleiul într-o tigaie. Înmuiați bucățile de pâine în aluat şi prăjiți până se rumenesc. Se serveste fierbinte.

Methi Seekh Kebab

(Fgarui de menta cu frunze de schinduf)

8-10 porții

Ingrediente

100 g/3½ oz frunze de schinduf, tocate

3 cartofi mari, fierți și piureați

1 lingurita pasta de ghimbir

1 lingurita pasta de usturoi

4 ardei iute verzi tocati marunt

1 lingurita chimen macinat

1 lingurita coriandru macinat

½ linguriță garam masala

Sarat la gust

2 linguri de pesmet

Ulei vegetal rafinat pentru stropire

Metodă

- Se amestecă toate ingredientele, cu excepția uleiului. Se formează burgeri.
- Înțepăți și gătiți pe un grătar cu cărbune, ungeți cu ulei și răsturnând din când în când. Se serveste fierbinte.

Jhinga Hariyali

(creveți verzi)

acum 20

Ingrediente

Sarat la gust

Suc de 1 lămâie

20 de creveți, curățați și devenați (se păstrează coada)

75 g/2½ oz frunze de menta, tocate marunt

75 g/2½ oz frunze de coriandru, tocate

1 lingurita pasta de ghimbir

1 lingurita pasta de usturoi

Un praf de garam masala

1 lingura ulei vegetal rafinat

1 ceapă mică, tăiată felii

Metodă

- Frecați sare și zeamă de lămâie peste creveți. Se lasa sa se odihneasca 20 de minute.
- Măcinați 50g/1¾oz frunze de mentă, 50g/1¾oz frunze de coriandru, pastă de ghimbir, pastă de usturoi și garam masala.
- Adăugați la creveți și lăsați să stea timp de 30 de minute. Stropiți uleiul deasupra.
- Înțepăți creveții și gătiți pe un grătar cu cărbune, întorcându-le din când în când.
- Se ornează cu coriandru și frunze de mentă rămase și ceapă feliată. Se serveste fierbinte.

Methi Adai

(crep de schinduf)

acum 20-22

Ingrediente

100 g/3½ orez

100 g/3½ oz urad dhal*

100 g/3½ oz mung dhal*

100 g/3½ oz chana dhal*

100 g/3½ oz masoor dhal*

Un praf de asafoetida

6-7 frunze de curry

Sarat la gust

50g/1¾oz frunze proaspete de schinduf, tocate

Ulei vegetal rafinat pentru ungere

Metodă

- Înmuiați orezul și dhalurile împreună timp de 3-4 ore.
- Scurgeți orezul și dhal și adăugați asafoetida, frunzele de curry și sarea. Se macină grosier și se lasă la fermentat timp de 7 ore. Adăugați frunzele de schinduf.
- Se unge o tigaie si se incinge. Adăugați o lingură din amestecul fermentat și întindeți pentru a forma o clătită. Se toarnă puțin ulei pe margini și se fierbe la foc mediu timp de 3-4 minute. Întoarceți și gătiți încă 2 minute.
- Repetați pentru restul aluatului. Se serveste fierbinte cu chutney de cocos.

Mazăre Chaat

Pentru 4 persoane

Ingrediente

2 lingurite ulei vegetal rafinat

½ linguriță de semințe de chimen

300 g/10 oz mazăre conservată

½ linguriță amchoor*

¼ linguriță de turmeric

¼ linguriță garam masala

1 lingurita suc de lamaie

5 cm/2 inchi rădăcină de ghimbir, decojită și tăiată juliană

Metodă

- Încinge uleiul într-o cratiță. Adăugați semințele de chimen și lăsați-le să scuipe 15 secunde. Adăugați mazăre, amchoor, turmeric și garam masala. Se amestecă bine și se fierbe timp de 2-3 minute, amestecând din când în când.
- Se ornează cu suc de lămâie și ghimbir. Se serveste fierbinte.

Shingada

(cimoase bengalezi)

8-10 porții

Ingrediente

2 linguri ulei vegetal rafinat plus extra pentru prajit

1 lingurita de seminte de chimen

200g/7oz mazăre fiartă

2 cartofi, fierti si tocati

1 lingurita coriandru macinat

Sarat la gust

Pentru patiserie:

350 g/12 oz făină albă fără aromă

¼ lingurita sare

Ceva apa

Metodă

- Încinge 2 linguri de ulei într-o cratiță. Adăugați semințele de chimen. Lasă-le să sfârâie timp de 15 secunde. Adăugați mazărea, cartofii, coriandru măcinat și sarea. Se amestecă bine și se prăjește la foc mediu timp de 5 minute. Pus deoparte.
- Faceți conuri de aluat cu ingredientele de patiserie, ca în rețeta Papa Samosa. Umpleți conurile cu amestecul de legume și sigilați.
- Se încălzește uleiul rămas într-o tigaie. Prăjiți conurile la foc mediu până se rumenesc. Se serveste fierbinte cu chutney de menta

Ceapa Bhajia

(frijii de ceapa)

acum 20

Ingrediente

250g/9oz besan*

4 cepe mari, feliate subțiri

Sarat la gust

½ linguriță de turmeric

150 ml/5 fl oz apă

Ulei vegetal rafinat pentru prajit

Metodă

- Se amestecă besanul, ceapa, sare și turmeric. Adăugați apa și amestecați bine.
- Încinge uleiul într-o tigaie. Adăugați linguri de amestec și prăjiți până se rumenesc. Se scurge pe hârtie absorbantă și se servește fierbinte.

Bagani Murgh

(Pui în pastă de caju)

acum 12

Ingrediente

500g/1lb 2oz pui dezosat, tăiat cubulețe

1 ceapă mică, tăiată felii

1 roșie feliată

1 castravete feliat

1 lingurita pasta de ghimbir

1 lingurita pasta de usturoi

2 ardei iute verzi tocati marunt

10 g/¼ oz frunze de mentă, măcinate

10 g/¼ oz frunze de coriandru măcinat

Sarat la gust

Pentru marinata:

6-7 caju, măcinate într-o pastă

2 linguri de smântână

Metodă

- Se amestecă ingredientele pentru marinată. Marinați puiul cu acest amestec timp de 4-5 ore.
- Înțepați și gătiți pe un grătar cu cărbune, întorcându-le din când în când.
- Se decorează cu ceapă, roșii și castraveți. Se serveste fierbinte.

Tikki de cartofi

(Empanada de cartofi)

acum 12

Ingrediente

4 cartofi mari, fierți și piureați

1 lingurita pasta de ghimbir

1 lingurita pasta de usturoi

Suc de 1 lămâie

1 ceapa mare, tocata marunt

25 g frunze de coriandru, tocate

¼ linguriță de pudră de chili

Sarat la gust

2 linguri de faina de orez

3 linguri ulei vegetal rafinat

Metodă

- Amestecați cartofii cu pasta de ghimbir, pasta de usturoi, sucul de lămâie, ceapa, frunzele de coriandru, pudra de ardei iute și sare. Se framanta bine. Se formează burgeri.
- Stropiți burgerii cu făină de orez.
- Încinge uleiul într-o tigaie. Prăjiți burgerii la foc mediu până devin aurii. Scurgeti si serviti fierbinti cu chutney de menta.

Vada de cartofi dulci

(găluște de cartofi prăjiți aluați)

acum 12-14

Ingrediente

1 lingurita ulei vegetal rafinat plus extra pentru prajit

½ linguriță de semințe de muștar

½ linguriță urad dhal*

½ linguriță de turmeric

5 cartofi, fierți și piureați

Sarat la gust

Suc de 1 lămâie

250g/9oz besan*

Un praf de asafoetida

120 ml/4 fl oz apă

Metodă

- Se încălzește 1 linguriță de ulei într-o tigaie. Adăugați semințele de muștar, urad dhal și turmeric. Lasă-le să sfârâie timp de 15 secunde.
- Turnați asta peste cartofi. Adăugați, de asemenea, sare și suc de lămâie. Amesteca bine.
- Împărțiți amestecul de cartofi în bile de mărimea unei nuci. Pus deoparte.
- Amestecați besanul, asafoetida, sarea și apa pentru a face aluatul.
- Se încălzește uleiul rămas într-o tigaie. Înmuiați biluțele de cartofi în aluat și prăjiți până se rumenesc. Scurgeti si serviti cu chutney de menta.

Mini kebab de pui

Porți 8

Ingrediente

350 g/12 oz pui, tocat

125 g/4½ oz besan*

1 ceapa mare, tocata marunt

½ lingurita pasta de ghimbir

½ lingurita pasta de usturoi

1 lingurita suc de lamaie

¼ linguriță pudră de cardamom verde

1 lingura frunze de coriandru tocate

Sarat la gust

1 lingura de seminte de susan

Metodă

- Se amestecă toate ingredientele, cu excepția semințelor de susan.
- Împărțiți amestecul în bile și presărați cu semințe de susan.
- Coaceți în cuptor la 190 ° C (375 ° F, marcaj de gaz 5) timp de 25 de minute. Se serveste fierbinte cu chutney de menta.

Risole de linte

acum 12

Ingrediente

2 linguri ulei vegetal rafinat plus extra pentru prajit

2 cepe mici, tocate mărunt

2 morcovi tocati marunt

600g/1lb 5oz masoor dhal*

500 ml/16 fl oz apă

2 linguri coriandru macinat

Sarat la gust

25 g frunze de coriandru, tocate

100 g/3½ oz pesmet

2 linguri de faina alba fara aroma

1 ou bătut

Metodă

- Încinge 1 lingură de ulei într-o tigaie. Adaugati ceapa si morcovii si caliti la foc mediu 2-3 minute, amestecand des. Adăugați masoor dhal, apă, coriandru măcinat și sare. Se fierbe timp de 30 de minute, amestecând.
- Adăugați frunzele de coriandru și jumătate din pesmet. Amesteca bine.
- Se modelează în formă de cârnați și se acoperă cu făină. Înmuiați crochetele în oul bătut și rulați în pesmetul rămas. Pus deoparte.
- Încinge uleiul rămas. Prăjiți crochetele pănă se rumenesc, întorcându-le o dată. Se serveste fierbinte cu chutney de nuca de cocos verde.

Poha nutritiv

Pentru 4 persoane

Ingrediente

1 lingura ulei vegetal rafinat

125 g/4½ oz alune

1 ceapa tocata marunt

¼ linguriță de turmeric

Sarat la gust

1 cartof, fiert si tocat

200 g/7 oz poha*, inmuiat 5 minute si scurs

1 lingurita suc de lamaie

1 lingura frunze de coriandru tocate

Metodă

- Încinge uleiul într-o cratiță. Prăjiți arahide, ceapa, turmeric și sare la foc mediu timp de 2-3 minute.
- Adăugați cartofii și poha. Se prăjește la foc mic până se amestecă uniform.
- Se ornează cu suc de lămâie și frunze de coriandru. Se serveste fierbinte.

Fasole uzuală

(Fasole în sos picant)

Pentru 4 persoane

Ingrediente

300g/10oz masoor dhal*, înmuiat în apă fierbinte timp de 20 de minute

¼ linguriță de turmeric

Sarat la gust

50g/1¾oz fasole verde, tocată mărunt

240 ml/8 fl oz apă

1 lingura ulei vegetal rafinat

¼ de linguriță de semințe de muștar

Niște frunze de curry

Sarat la gust

Metodă

- Se amestecă dhal, turmericul și sarea. Se macină până obții o pastă groasă.
- Se fierbe la abur timp de 20-25 de minute. Se lasa sa se raceasca 20 de minute. Se sfărâmă amestecul cu degetele. Pus deoparte.
- Gatiti fasolea verde cu apa si putina sare intr-o cratita la foc mediu pana se inmoaie. Pus deoparte.
- Încinge uleiul într-o cratiță. Adăugați semințele de muștar. Lasă-le să sfârâie timp de 15 secunde. Adăugați frunze de curry și dhal mărunțit.
- Se caleste aproximativ 3-4 minute la foc mediu pana se inmoaie. Adăugați fasolea fiartă și amestecați bine. Se serveste fierbinte.

Pâine Chutney Pakoda

Pentru 4 persoane

Ingrediente

250g/9oz besan*

150 ml/5 fl oz apă

½ linguriță de semințe de ajowan

125 g/4½ oz chutney de mentă

12 felii de pâine

Ulei vegetal rafinat pentru prajit

Metodă

- Amestecați besanul cu apa pentru a obține un aluat cu consistența amestecului de clătite. Adăugați semințele de ajowan și bateți ușor. Pus deoparte.
- Întindeți chutney de mentă pe o felie de pâine și puneți alta deasupra. Repetați pentru toate feliile de pâine. Tăiați-le în diagonală în jumătate.
- Încinge uleiul într-o tigaie. Înmuiați sandvișurile în aluat și prăjiți la foc mediu până se rumenesc. Se serveste fierbinte cu sos de rosii.

Methi Khakra Delight

(sandviș cu schinduf)

Porți 16

Ingrediente

50g/1¾oz frunze proaspete de schinduf, tocate mărunt

300 g/10 oz făină integrală de grâu

1 lingurita pudra de chili

¼ linguriță de turmeric

½ lingurita coriandru macinat

1 lingura ulei vegetal rafinat

Sarat la gust

120 ml/4 fl oz apă

Metodă

- Amestecă toate ingredientele împreună. Frământați până obțineți un aluat moale, dar ferm.
- Împărțiți aluatul în 16 bile de mărimea unei lămâi. Se rulează în discuri foarte subțiri.
- Încinge o tigaie plată. Puneți discurile pe tigaia plată și gătiți până devin crocante. Repetați pe cealaltă parte. Depozitați într-un recipient etanș.

cotlet verde

acum 12

Ingrediente

200g/7oz spanac tocat fin

4 cartofi, fierți și piureați

200 g/7 oz mung dhal*, fiert și zdrobit

25 g frunze de coriandru, tocate

2 ardei iute verzi tocati marunt

1 lingurita garam masala

1 ceapa mare, tocata marunt

Sarat la gust

1 lingurita pasta de usturoi

1 lingurita pasta de ghimbir

Ulei vegetal rafinat pentru prajit

250 g/9 oz pesmet

Metodă

- Se amestecă spanacul și cartofii. Adaugă mung dhal, frunze de coriandru, ardei iute verde, garam masala, ceapa, sare, pasta de usturoi și pasta de ghimbir. Se framanta bine.
- Împărțiți amestecul în porții de mărimea unei nuci și modelați-le în cotlet.
- Încinge uleiul într-o tigaie. Rulați cotleturile în pesmet și prăjiți până se rumenesc. Se serveste fierbinte.

Handvo

(Plăcintă cu gris)

Pentru 4 persoane

Ingrediente

100 g/3½ oz gris

125 g/4½ oz besan*

200 g/7 oz iaurt

Sticlă tărtăcuță 25g / puțin 1oz, rasă

1 morcov ras

25 g / puțin 1 oz mazăre verde

½ linguriță de turmeric

½ linguriță de pudră de chili

½ lingurita pasta de ghimbir

½ lingurita pasta de usturoi

1 ardei iute verde tocat fin

Sarat la gust

Un praf de asafoetida

½ lingurita de bicarbonat de sodiu

4 linguri ulei vegetal rafinat

¾ linguriță de semințe de muștar

½ lingurita de seminte de susan

Metodă

- Amesteca grisul, besanul si iaurtul intr-o cratita. Adăugați tărtăcuța de sticla rasă și morcovul și mazărea.
- Adauga turmericul, pudra de ardei iute, pasta de ghimbir, pasta de usturoi, ardei iute verde, sare si asafoetida pentru a face aluatul. Ar trebui să fie de consistența aluatului de prăjitură. Dacă nu, adăugați câteva linguri de apă.
- Adăugați bicarbonatul de sodiu și amestecați bine. Pus deoparte.
- Încinge uleiul într-o cratiță. Adăugați muştarul și semințele de susan. Lasă-le să sfârâie timp de 15 secunde.
- Turnați aluatul în cratiță. Acoperiți cu un capac și fierbeți timp de 10-12 minute.
- Descoperiți și întoarceți aluatul cu grijă, folosind o spatulă. Se acopera din nou si se fierbe la foc mic inca 15 minute.
- Perforați cu o furculiță pentru a verifica dacă este gata. Dacă este gătită, furculița va ieși curată. Se serveste fierbinte.

Ghugra

(Semiluni cu centre de legume sărate)

Pentru 4 persoane

Ingrediente

5 linguri ulei vegetal rafinat plus extra pentru prajit

Un praf de asafoetida

400g/14oz mazăre conservată, măcinată

250 ml/8 fl oz apă

Sarat la gust

5 cm/2in rădăcină de ghimbir, tocat mărunt

2 lingurite suc de lamaie

1 lingura frunze de coriandru tocate

350 g/12 oz făină integrală de grâu

Metodă

- Încinge 2 linguri de ulei într-o cratiță. Adăugați asafoetida. Când sfârâie, adăugați mazărea și 120 ml/4 fl oz apă. Gatiti la foc mediu timp de 3 minute.

- Adăugați sarea, ghimbirul și sucul de lămâie. Se amestecă bine și se fierbe încă 5 minute. Se presară deasupra frunzele de coriandru și se lasă deoparte.

- Frământați făina cu sarea, apa rămasă și 3 linguri de ulei. Împărțiți în bile și întindeți în discuri rotunde de 10 cm diametru.

- Puneți o parte din amestecul de mazăre pe fiecare disc, astfel încât jumătate din disc să fie acoperit cu amestecul. Îndoiți cealaltă jumătate pentru a face o formă de „D". Sigilați prin apăsarea marginilor împreună.

- Incalzeste uleiul. Prăjiți ghugras la foc mediu până se rumenesc. Se serveste fierbinte.

Kebab cu banane

acum 20

Ingrediente

6 banane verzi

1 lingurita pasta de ghimbir

250g/9oz besan*

25 g frunze de coriandru, tocate

½ linguriță de pudră de chili

1 lingurita amchoor*

Suc de 1 lămâie

Sarat la gust

240 ml / 8 fl oz ulei vegetal rafinat pentru prăjirea superficială

Metodă

- Se fierb bananele cu coaja timp de 10-15 minute. Scurgeți și curățați.

- Se amestecă cu restul ingredientelor, cu excepția uleiului. Se formează burgeri.

- Încinge uleiul într-o tigaie. Prăjiți burgerii până devin maro auriu. Se serveste fierbinte.

Empanadas de legume

acum 12

Ingrediente

2 linguri pudră de săgeată

4-5 cartofi mari, fierti si rasi

1 lingura ulei vegetal rafinat plus extra pentru prajit

125 g/4½ oz besan*

25 g / puțin 1 oz nucă de cocos proaspătă rasă

4-5 caju

3-4 stafide

125 g/4½ oz mazăre congelată, fiartă

2 lingurițe de semințe de rodie uscate

2 lingurițe de coriandru măcinat grosier

1 lingurita de seminte de fenicul

½ lingurita piper negru macinat

½ linguriță de pudră de chili

1 lingurita amchoor*

½ lingurita sare gema

Sarat la gust

Metodă

- Frământați săgeata, cartofii și 1 lingură de ulei. Pus deoparte.

- Pentru a face umplutura, amestecați ingredientele rămase, cu excepția uleiului.

- Împărțiți aluatul de cartofi în chiftele rotunde. Pune o lingură de umplutură în centrul fiecărui burger. Sigilați-le ca pe o pungă și aplatizați-le.

- Se încălzește uleiul rămas într-o cratiță. Prăjiți burgerii la foc mic până devin aurii. Se serveste fierbinte.

Fasole Bhel încolțită

(Gustare sărată cu fasole încolțită)

Pentru 4 persoane

Ingrediente

100 g/3½ oz fasole mung încolțită, fiartă

250 g/9 oz kaala chana*, fiert

3 cartofi mari, fierti si tocati

2 rosii mari, tocate marunt

1 ceapa medie tocata

Sarat la gust

Pentru garnitura:

2 linguri chutney de mentă

2 linguri chutney de mango dulce și picant

4-5 linguri de iaurt

100 g/3½ oz chipsuri de cartofi, zdrobite

10 g/¼ oz frunze de coriandru, tocate

Metodă

- Se amestecă toate ingredientele, cu excepția ingredientelor pentru garnitură.
- Se ornează în ordinea în care sunt enumerate ingredientele. Serviți imediat.

Aloo Kachori

(găluște de cartofi prăjiți)

Porți 15

Ingrediente

350 g/12 oz făină integrală de grâu

1 lingura ulei vegetal rafinat plus extra pentru prajit

1 linguriță de semințe de ajowan

Sarat la gust

5 cartofi, fierți și piureați

2 lingurițe pudră de chili

1 lingura frunze de coriandru tocate

Metodă

- Frământați făina, 1 lingură de ulei, semințele de ajowan și sare. Împărțiți în bile de mărimea unei lămâi. Aplatizați fiecare dintre palme și lăsați-le deoparte.
- Amestecați cartofii, praful de chilli, frunzele de coriandru și puțină sare.
- Puneți o porție din acest amestec în centrul fiecărui burger. Sigilați prin ciupirea marginilor împreună.

- Încinge uleiul într-o tigaie. Prăjiți kachoris-ul la foc mediu până se rumenesc. Scurgeti si serviti fierbinti.

Dieta Dosa

(crep dietetic)

acum 12

Ingrediente

300 g/10 oz mung dhal*, înmuiat în 250 ml/8 fl oz de apă timp de 3-4 ore

3-4 ardei iute verzi

2,5 cm/1 inch rădăcină de ghimbir

100 g/3½ oz gris

1 lingura smantana

50g/1¾oz frunze de coriandru, tocate

6 frunze de curry

Ulei vegetal rafinat pentru ungere

Sarat la gust

Metodă

- Amestecați dhal-ul cu ardei iute verde și ghimbir. Se macină împreună.
- Adăugați gris și smântână. Amesteca bine. Adăugați frunze de coriandru, frunze de curry și suficientă apă pentru a face un aluat gros.

- Se unge o tigaie plată și se încălzește. Se toarnă peste el 2 linguri de aluat și se întinde cu dosul unei linguri. Gatiti 3 minute la foc mic. Întoarceți și repetați.
- Repetați pentru restul aluatului. Se serveste fierbinte.

Nutri Roll

8-10 porții

Ingrediente

200g/7oz spanac tocat fin

1 morcov tocat fin

125 g/4½ oz mazăre congelată

50 g/1¾oz fasole mung încolțită

3-4 cartofi mari, fierți și piureați

2 cepe mari, tocate mărunt

½ lingurita pasta de ghimbir

½ lingurita pasta de usturoi

1 ardei iute verde tocat fin

½ linguriță amchoor*

Sarat la gust

½ linguriță de pudră de chili

3 linguri frunze de coriandru, tocate mărunt

Ulei vegetal rafinat pentru prajit

8-10 chapatis

2 linguri chutney de mango dulce și picant

Metodă

- Spunem spanacul, morcovii, mazărea și fasolea mung împreună.
- Amestecați legumele la abur cu cartofi, ceapa, pasta de ghimbir, pasta de usturoi, ardei iute verde, amchoor, sare, praf de ardei iute și frunze de coriandru. Frământați bine până obțineți un amestec omogen.
- Formați amestecul în cotlet mici.
- Încinge uleiul într-o cratiță. Prăjiți cotletele la foc mediu până se rumenesc. Scurgeți și rezervați.
- Întindeți niște chutney dulce de mango pe un chapati. Puneți un cotlet în centru și rulați chapatti.
- Repetați pentru toate chapatis. Se serveste fierbinte.

Sabudana Palak Doodhi Uttapam

(Clătită cu sago, spanac și tărtăcuță de sticlă)

acum 20

Ingrediente

1 lingurita toor dhal*

1 lingurita mung dhal*

1 lingurita fasole urad*

1 lingurita masoor dhal*

3 lingurite de orez

100 g/3½ oz sago, măcinat grosier

50g/1¾oz spanac, fiert la abur și măcinat

¼ sticla de tărtăcuță*, ras

125 g/4½ oz besan*

½ linguriță de chimen măcinat

1 lingurita frunze de menta tocate marunt

1 ardei iute verde tocat fin

½ lingurita pasta de ghimbir

Sarat la gust

100 ml / 3½ fl oz apă

Ulei vegetal rafinat pentru prajit

Metodă

- Măcinați toor dhal, mung dhal, fasole urad, masoor dhal și orez. Pus deoparte.
- Înmuiați sago timp de 3-5 minute. Se scurge complet.
- Se amestecă cu amestecul de orez și dhal măcinat.
- Adăugați spanac, tărtăcuță de sticlă, besan, chimen măcinat, frunze de mentă, ardei iute verde, pastă de ghimbir, sare și suficientă apă pentru a face un aluat gros. Lăsați să se odihnească timp de 30 de minute.
- Se unge o tigaie si se incinge. Se toarnă 1 lingură de aluat în tigaie și se întinde cu dosul unei linguri.
- Acoperiți și gătiți la foc mediu până când fundul este maro deschis. Întoarceți și repetați.
- Repetați pentru restul aluatului. Se serveste fierbinte cu sos de rosii sau chutney de nuca de cocos verde

Poha

Pentru 4 persoane

Ingrediente

150 g/5½ oz poha*

1½ lingurita ulei vegetal rafinat

½ linguriță de semințe de chimen

½ linguriță de semințe de muștar

1 cartof mare, tocat fin

2 cepe mari, feliate subțiri

5-6 ardei iute verzi tocati marunt

8 frunze de curry, tocate

¼ linguriță de turmeric

45 g/1½ oz alune prăjite (opțional)

25 g / puțin 1 oz nucă de cocos proaspătă, rasă sau răzuită

10 g/¼ oz frunze de coriandru, tocate mărunt

1 lingurita suc de lamaie

Sarat la gust

Metodă

- Spălați bine poha. Scurge complet apa si tine poha deoparte intr-o strecuratoare timp de 15 minute.
- Slăbiți ușor bulgări de poha cu degetele. Pus deoparte.
- Încinge uleiul într-o cratiță. Adăugați chimenul și semințele de muștar. Lasă-le să sfârâie timp de 15 secunde.
- Adaugati cartofii tocati. Se caleste la foc mediu 2-3 minute. Adăugați ceapa, ardei iute verde, frunze de curry și turmeric. Gatiti pana ce ceapa devine translucida. Scoateți de pe foc.
- Adăugați poha, alunele prăjite și jumătate din frunzele de cocos și coriandru ras. Se amestecă pentru a se amesteca bine.
- Stropiți cu suc de lămâie și sare. Se fierbe timp de 4-5 minute.
- Se ornează cu nucă de cocos și frunze de coriandru ramase. Se serveste fierbinte.

Cotlet de legume

acum 10-12

Ingrediente

2 cepe tocate marunt

5 catei de usturoi

¼ linguriță de semințe de fenicul

2-3 ardei iute verzi

10 g/¼ oz frunze de coriandru, tocate mărunt

2 morcovi mari, tocati marunt

1 cartof mare, tocat fin

1 sfeclă mică, tocată mărunt

50g/1¾oz fasole verde, tocată mărunt

50g/1¾oz mazăre verde

900 ml / 1½ litri apă

Sarat la gust

¼ linguriță de turmeric

2-3 linguri de besan*

1 lingura ulei vegetal rafinat plus extra pentru prajit

50g/1¾oz pesmet

Metodă

- Măcinați 1 ceapă, usturoiul, semințele de fenicul, ardeiul iute și frunzele de coriandru până la o pastă netedă. Pus deoparte.
- Amesteca morcovii, cartofii, sfecla, fasolea si mazarea intr-o cratita. Adăugați 500 ml/16 fl oz apă, sare și turmeric și gătiți la foc mediu până când legumele sunt moi.
- Se amestecă bine legumele și se lasă deoparte.
- Amestecă besanul și apa rămasă pentru a forma un aluat moale. Pus deoparte.
- Se încălzește 1 lingură de ulei într-o cratiță. Adăugați ceapa rămasă și prăjiți până devine translucid.
- Se adauga pasta de ceapa-usturoi si se caleste un minut la foc mediu, amestecand continuu.
- Adăugați piureul de legume și amestecați bine.
- Se ia de pe foc si se lasa sa se raceasca.
- Împărțiți acest amestec în 10-12 bile. Aplatizați între palmele mâinilor pentru a face empanadas.
- Înmuiați burgerii în aluat și rulați în pesmet.
- Încinge uleiul într-o tigaie. Prăjiți burgerii până devin aurii pe ambele părți.
- Se serveste fierbinte cu sos de rosii.

Upit de soia

(gustare de soia)

Pentru 4 persoane

Ingrediente

1½ lingurita ulei vegetal rafinat

½ linguriță de semințe de muștar

2 ardei iute verzi tocati marunt

2 ardei iute roșii tăiați mărunt

Un praf de asafoetida

1 ceapa mare, tocata marunt

2,5 cm/1 inch rădăcină de ghimbir, tăiată juliană

10 catei de usturoi tocati marunt

6 frunze de curry

100 g/3½ oz făină de soia*, friptură uscată

100 g/3½ oz gris, prăjit uscat

200g/7oz mazăre

500 ml/16 fl oz apă fierbinte

¼ linguriță de turmeric

1 lingurita de zahar

1 lingurita sare

1 rosie mare, tocata marunt

2 linguri frunze de coriandru tocate marunt

15 stafide

10 caju

Metodă

- Încinge uleiul într-o cratiță. Adăugați semințele de muștar. Lasă-le să sfârâie timp de 15 secunde.
- Adăugați ardei iute verzi, ardei iute roșu, asafoetida, ceapă, ghimbir, usturoi și frunze de curry. Se prăjește la foc mediu timp de 3-4 minute, amestecând des.
- Adăugați făina de soia, grisul și mazărea. Gatiti pana cand ambele tipuri de gris sunt maro auriu.
- Adăugați apa fierbinte, turmericul, zahărul și sarea. Gatiti la foc mediu pana cand apa se usuca.
- Se ornează cu roșii, frunze de coriandru, stafide și caju.
- Se serveste fierbinte.

Upma

(farfurie de mic dejun cu gris)

Pentru 4 persoane

Ingrediente

1 lingură ghee

150 g/5½ oz gris

1 lingura ulei vegetal rafinat

¼ de linguriță de semințe de muștar

1 lingurita urad dhal*

3 ardei iute verzi, tăiați pe lungime

8-10 frunze de curry

1 ceapa medie, tocata marunt

1 rosie medie, tocata marunt

750 ml / 1¼ litri de apă

1 linguriță plină de zahăr

Sarat la gust

50g/1¾oz mazăre conservată (opțional)

25 g frunze de coriandru, tocate mărunt

Metodă

- Se încălzește ghee-ul într-o tigaie. Adăugați grisul și prăjiți, amestecând des, până când grisul devine maro auriu. Pus deoparte.
- Încinge uleiul într-o cratiță. Adăugați semințe de muștar, urad dhal, ardei iute și frunze de curry. Se prăjește până când urad dhal devine maro.
- Adăugați ceapa și căleți la foc mic până devine translucid. Adăugați roșia și căliți încă 3-4 minute.
- Adăugați apa și amestecați bine. Gatiti la foc mediu pana cand amestecul incepe sa fiarba. Amesteca bine.
- Adăugați zahăr, sare, gris și mazăre. Amesteca bine.
- Gatiti la foc mic, amestecand continuu timp de 2-3 minute.
- Se ornează cu frunze de coriandru. Se serveste fierbinte.

Vermicelli Upma

(Titei cu ceapa)

Pentru 4 persoane

Ingrediente

3 linguri ulei vegetal rafinat

1 lingurita mung dhal*

1 lingurita urad dhal*

¼ de linguriță de semințe de muștar

8 frunze de curry

10 alune

10 caju

1 cartof mediu, tocat fin

1 morcov mare, tocat mărunt

2 ardei iute verzi tocati marunt

1 cm/½ rădăcină de ghimbir, tocată mărunt

1 ceapa mare, tocata marunt

1 rosie, tocata marunt

50g/1¾oz mazăre congelată

Sarat la gust

1 litru / 1¾ litri de apă

200 g/7 oz tăiței

2 linguri ghee

Metodă

- Încinge uleiul într-o cratiță. Adăugați mung dhal, urad dhal, semințe de muștar și frunze de curry. Lasă-le să sfârâie timp de 30 de secunde.
- Adăugați alunele și caju. Se prăjește la foc mediu până se rumenește.
- Adăugați cartoful și morcovul. Se prăjește timp de 4-5 minute.
- Adăugați ardeiul iute, ghimbirul, ceapa, roșia, mazărea și sarea. Gatiti la foc mediu, amestecand des, pana cand legumele sunt fragede.
- Adăugați apa și aduceți la fiert. Amesteca bine.
- Adăugați tăițeii în timp ce amestecați continuu pentru a nu se forma cocoloașe.
- Acoperiți cu un capac și fierbeți timp de 5-6 minute.
- Adăugați ghee-ul și amestecați bine. Se serveste fierbinte.

Bonda

(cotlet de cartofi)

acum 10

Ingrediente

5 linguri ulei vegetal rafinat plus extra pentru prajit

½ linguriță de semințe de muștar

2,5 mm/1 inch rădăcină de ghimbir, tocat fin

2 ardei iute verzi tocati marunt

50g/1¾oz frunze de coriandru, tocate mărunt

1 ceapa mare, tocata marunt

4 cartofi medii, fierți și piureați

1 morcov mare, tocat mărunt și fiert

125 g/4½ oz mazăre conservată

un praf de turmeric

Sarat la gust

1 lingurita suc de lamaie

250g/9oz besan*

200 ml/7 fl oz apă

½ linguriță de praf de copt

Metodă

- Încinge 4 linguri de ulei într-o cratiță. Adăugați semințe de muștar, ghimbir, ardei iute verde, frunze de coriandru și ceapă. Se prăjește la foc mediu, amestecând din când în când, până când ceapa devine aurie.
- Adăugați cartofii, morcovul, mazărea, turmericul și sarea. Se fierbe timp de 5-6 minute, amestecând din când în când.
- Stropiți suc de lămâie și împărțiți amestecul în 10 bile. Pus deoparte.
- Amestecați fasolea, apa și praful de copt cu 1 lingură de ulei pentru a face aluatul.
- Încinge uleiul într-o cratiță. Înmuiați fiecare biluță de cartofi în aluat și prăjiți la foc mediu până se rumenesc.
- Se serveste fierbinte.

Dhokla instant

(Prăjitură gustoasă la abur instant)

Porți 15-20

Ingrediente

250g/9oz besan*

1 lingurita sare

2 linguri de zahar

2 linguri ulei vegetal rafinat

½ lingură suc de lămâie

240 ml/8 fl oz apă

1 lingura praf de copt

1 linguriță de semințe de muștar

2 ardei iute verzi, tăiați pe lungime

Nişte frunze de curry

1 lingura de apa

2 linguri frunze de coriandru tocate marunt

1 lingură nucă de cocos proaspătă rasă

Metodă

- Amestecați fasolea, sare, zahăr, 1 lingură ulei, zeamă de lămâie și apă pentru a obține un aluat moale.
- Ungeți o formă rotundă de 20 cm de tort.
- Adăugați praful de copt în aluat. Se amestecă bine și se toarnă imediat în tava unsă. Se fierbe la abur timp de 20 de minute.
- Perforați cu o furculiță pentru a verifica dacă este gata. Dacă furculița nu iese curată, gătiți din nou la abur timp de 5-10 minute. Pus deoparte.
- Se încălzește uleiul rămas într-o cratiță. Adăugați semințele de muștar. Lasă-le să sfârâie timp de 15 secunde.
- Adăugați ardei iute verzi, frunze de curry și apă. Se fierbe timp de 2 minute.
- Turnați acest amestec peste dhokla și lăsați-l să absoarbă lichidul.
- Se ornează cu frunze de coriandru și nucă de cocos rasă.
- Tăiați cubulețe și serviți cu chutney de mentă.

Dhal Maharani

(Linte neagră și fasole)

Pentru 4 persoane

Ingrediente

150 g/5½ oz urad dhal*

2 linguri fasole rosie

1,4 litri / 2½ litri de apă

Sarat la gust

1 lingura ulei vegetal rafinat

½ linguriță de semințe de chimen

1 ceapa mare, tocata marunt

3 roșii medii, tocate

1 lingurita pasta de ghimbir

½ lingurita pasta de usturoi

½ linguriță de pudră de chili

½ linguriță garam masala

120 ml/4 fl oz smântână proaspătă

Metodă

- Înmuiați urad dhal și fasolea împreună peste noapte. Se scurge si se fierbe impreuna intr-o cratita cu apa si sare timp de 1 ora la foc mediu. Pus deoparte.
- Încinge uleiul într-o cratiță. Adăugați semințele de chimen. Lasă-le să sfârâie timp de 15 secunde.
- Adăugați ceapa și căleți la foc mediu până devine auriu.
- Adăugați roșiile. Amesteca bine. Adăugați pasta de ghimbir și pasta de usturoi. Se prăjește timp de 5 minute.
- Adăugați amestecul de dhal și fasole fiert, pudra de chili și garam masala. Amesteca bine.
- Adăugați smântâna. Se fierbe timp de 5 minute, amestecând des.
- Serviți fierbinte cu naan sau orez aburit.

Milagu Kuzhambu

(Despărțiți gram roșu în sos de ardei)

Pentru 4 persoane

Ingrediente

2 lingurite ghee

2 lingurițe de semințe de coriandru

1 lingura pasta de tamarind

1 lingurita piper negru macinat

¼ lingurita asafoetida

Sarat la gust

1 lingura toor dhal[*], Gătit

1 litru / 1¾ litri de apă

¼ de linguriță de semințe de muștar

1 ardei iute verde, tocat

¼ linguriță de turmeric

10 frunze de curry

Metodă

- Se încălzește câteva picături de ghee într-o cratiță. Adăugați semințele de coriandru și prăjiți la foc mediu timp de 2 minute. Se răcește și se zdrobește.
- Se amestecă cu pasta de tamarind, piper, asafoetida, sare și dhal într-o cratiță mare.
- Adăugați apa. Se amestecă bine și se aduce la fierbere la foc mediu. Pus deoparte.
- Se încălzește ghee-ul rămas într-o cratiță. Adăugați semințe de muștar, ardei iute verde, turmeric și frunze de curry. Lasă-le să sfârâie timp de 15 secunde.
- Adăugați asta la dhal. Se serveste fierbinte.

Dhal Hariyali

(Legume cu frunze cu gram bengal împărțit)

Pentru 4 persoane

Ingrediente

300g/10oz toor dhal*

1,4 litri / 2½ litri de apă

Sarat la gust

2 linguri ghee

1 lingurita de seminte de chimen

1 ceapa tocata marunt

½ lingurita pasta de ghimbir

½ lingurita pasta de usturoi

½ linguriță de turmeric

50g/1¾oz spanac tocat

10 g/¼ oz frunze de schinduf, tocate mărunt

25 g / puține 1 oz frunze de coriandru

Metodă

- Gatiti dhal-ul cu apa si sare intr-o cratita timp de 45 de minute, amestecand des. Pus deoparte.
- Se încălzește ghee-ul într-o cratiță. Adaugati seminte de chimen, ceapa, pasta de ghimbir, pasta de usturoi si turmeric. Se prajesc 2 minute la foc mic, amestecand continuu.
- Adăugați spanacul, frunzele de schinduf și frunzele de coriandru. Se amestecă bine și se fierbe timp de 5-7 minute.
- Se serveste fierbinte cu orez aburit

Dhalcha

(Gram bengal împărțit cu carne de oaie)

Pentru 4 persoane

Ingrediente

150 g/5½ oz chana dhal*

150g/5½ oz toor dhal*

2,8 litri / 5 litri de apă

Sarat la gust

2 linguri pasta de tamarind

2 linguri ulei vegetal rafinat

4 cepe mari, tocate

5 cm/2in rădăcină de ghimbir, ras

10 căței de usturoi, zdrobiți

750 g / 1 lb 10 oz miel, tocat

1,4 litri / 2½ litri de apă

3-4 rosii tocate

1 lingurita pudra de chili

1 lingurita turmeric

1 lingurita garam masala

20 de frunze de curry

25 g frunze de coriandru, tocate mărunt

Metodă

- Gatiti dhalurile cu apa si sare timp de 1 ora la foc mediu. Adăugați pasta de tamarind și amestecați bine. Pus deoparte.
- Încinge uleiul într-o cratiță. Adăugați ceapa, ghimbirul și usturoiul. Se prăjește la foc mediu până se rumenește. Adăugați mielul și amestecați constant până se rumenește.
- Adăugați apă și fierbeți până când mielul este fraged.
- Adăugați roșiile, pudra de chilli, turmericul și sarea. Amesteca bine. Gatiti inca 7 minute.
- Adăugați dhal, garam masala și frunzele de curry. Amesteca bine. Se fierbe timp de 4-5 minute.
- Se ornează cu frunze de coriandru. Se serveste fierbinte.

Tarkari Dhalcha

(Împărțit Bengal gram cu legume)

Pentru 4 persoane

Ingrediente

150 g/5½ oz chana dhal*

150g/5½ oz toor dhal*

Sarat la gust

3 litri / 5¼ litri de apă

10 g/¼ oz frunze de mentă

10 g/¼ oz frunze de coriandru

2 linguri ulei vegetal rafinat

½ linguriță de semințe de muștar

½ linguriță de semințe de chimen

Un praf de seminte de schinduf

Un praf de semințe de kalonji*

2 ardei iute roșu uscat

10 frunze de curry

½ lingurita pasta de ghimbir

½ lingurita pasta de usturoi

½ linguriță de turmeric

1 lingurita pudra de chili

1 lingurita pasta de tamarind

500 g / 1 lb 2 oz dovleac, tocat fin

Metodă

- Gatiti cele doua dhal-uri cu sare, 2,5 litri/4 litri de apa si jumatate de menta si coriandru intr-o cratita la foc mediu timp de 1 ora. Mixați până obțineți o pastă groasă. Pus deoparte.
- Încinge uleiul într-o cratiță. Adăugați semințe de muştar, chimen, schinduf şi kalonji. Lasă-le să sfârâie timp de 15 secunde.
- Adăugați ardei iute roşu şi frunze de curry. Se prăjeşte la foc mediu timp de 15 secunde.
- Adăugați pasta dhal, pasta de ghimbir, pasta de usturoi, turmeric, pudră de chili şi pasta de tamarind. Amesteca bine. Gatiti la foc mediu, amestecand des, timp de 10 minute.
- Adăugați apa rămasă şi dovleacul. Se fierbe până când dovleacul este fiert.
- Adăugați restul de frunze de mentă şi coriandru. Gatiti 3-4 minute.
- Se serveste fierbinte.

Dhokar Dhalna

(Dhal cuburi prăjite în curry)

Pentru 4 persoane

Ingrediente

600g/1lb 5oz chana dhal*, înmuiat peste noapte

120 ml/4 fl oz apă

Sarat la gust

4 linguri ulei vegetal rafinat plus extra pentru prajit

3 ardei iute verzi, tocat

½ lingurita asafoetida

2 cepe mari, tocate mărunt

1 frunză de dafin

1 lingurita pasta de ghimbir

1 lingurita pasta de usturoi

1 lingurita pudra de chili

¾ linguriță de turmeric

1 lingurita garam masala

1 lingura frunze de coriandru tocate marunt

Metodă

- Se macină dhal-ul cu apă și puțină sare până la o pastă groasă. Pus deoparte.
- Se încălzește 1 lingură de ulei într-o cratiță. Adăugați ardei iute verzi și asafoetida. Lasă-le să sfârâie timp de 15 secunde. Adăugați pasta de dhal și puțină sare. Amesteca bine.
- Întindeți acest amestec pe o tavă să se răcească. Tăiați în bucăți de 2,5 cm/1 inch.
- Se incinge uleiul pentru prajit intr-o cratita. Prăjiți bucățile până se rumenesc. Pus deoparte.
- Încinge 2 linguri de ulei într-o cratiță. Prăjiți ceapa până se rumenește. Se macină până obții o pastă și se lasă deoparte.
- Se încălzește 1 lingură de ulei rămasă într-o cratiță. Adăugați foi de dafin, bucăți de dhal prăjite, pasta de ceapă prăjită, pasta de ghimbir, pasta de usturoi, pudră de ardei iute, turmeric și garam masala. Adăugați suficientă apă pentru a acoperi bucățile de dhal. Se amestecă bine și se fierbe timp de 7-8 minute.
- Se ornează cu frunze de coriandru. Se serveste fierbinte.

Varan

(Simple Split Red Gram Dhal)

Pentru 4 persoane

Ingrediente

300g/10oz toor dhal*

2,4 litri / 4 litri de apă

¼ lingurita asafoetida

½ linguriță de turmeric

Sarat la gust

Metodă

- Gatiti toate ingredientele intr-o cratita timp de aproximativ 1 ora la foc mediu.
- Se serveste fierbinte cu orez aburit

Dhal dulce

(Împărțiți gram roșu dulce)

Porții 4-6

Ingrediente

300g/10oz toor dhal*

2,5 litri / 4 litri de apă

Sarat la gust

¼ linguriță de turmeric

Un praf mare de asafoetida

½ linguriță de pudră de chili

Piesă jaggery de 5 cm/2in*

2 lingurite ulei vegetal rafinat

¼ linguriță de semințe de chimen

¼ de linguriță de semințe de muștar

2 ardei iute roșu uscat

1 lingura frunze de coriandru tocate marunt

Metodă

- Spălați și gătiți toor dhal cu apă și sare într-o cratiță la foc mic timp de 1 oră.
- Adăugați turmeric, asafoetida, praf de chilli și jaggery. Gatiti 5 minute. Amesteca bine. Pus deoparte.
- Într-o cratiță mică, încălziți uleiul. Adăugați semințele de chimen, semințele de muștar și ardeiul iute roșu uscat. Lasă-le să sfârâie timp de 15 secunde.
- Se toarnă aceasta în dhal și se amestecă bine.
- Se ornează cu frunze de coriandru. Se serveste fierbinte.

Dhal dulce-acru

(Divizați gram roșu dulce și acru)

Porții 4-6

Ingrediente

300g/10oz toor dhal*

2,4 litri / 4 litri de apă

Sarat la gust

¼ linguriță de turmeric

¼ lingurita asafoetida

1 lingurita pasta de tamarind

1 lingurita de zahar

2 lingurite ulei vegetal rafinat

½ linguriță de semințe de muștar

2 ardei iute verzi

8 frunze de curry

1 lingura frunze de coriandru tocate marunt

Metodă

- Gatiti toor dhal intr-o cratita cu apa si sare la foc mediu timp de 1 ora.
- Adăugați turmeric, asafoetida, pastă de tamarind și zahăr. Gatiti 5 minute. Pus deoparte.
- Într-o cratiță mică, încălziți uleiul. Adăugați semințe de muștar, ardei iute și frunze de curry. Lasă-le să sfârâie timp de 15 secunde.
- Turnați acest condiment în dhal.
- Se ornează cu frunze de coriandru.
- Se serveste fierbinte cu orez sau chapatis aburit.

Mung-ni-Dhal

(Divizați gramul verde)

Pentru 4 persoane

Ingrediente

300 g/10 oz mung dhal*

1,9 litri / 3½ litri de apă

Sarat la gust

¼ linguriță de turmeric

½ lingurita pasta de ghimbir

1 ardei iute verde tocat fin

¼ lingurita zahar

1 lingură ghee

½ lingurita de seminte de susan

1 ceapa mica tocata

1 catel de usturoi, tocat

Metodă

- Fierbe mung dhal cu apa si sare intr-o cratita la foc mediu timp de 30 de minute.
- Adauga turmeric, pasta de ghimbir, ardei iute verde si zahar. Amesteca bine.
- Adăugați 120 ml/4 fl oz apă dacă dhal este uscat. Se fierbe 2-3 minute și se lasă deoparte.
- Se încălzește ghee-ul într-o cratiță mică. Adăugați semințele de susan, ceapa și usturoiul. Prăjiți-le timp de 1 minut, amestecând continuu.
- Adăugați asta la dhal. Se serveste fierbinte.

Dhal cu ceapă și nucă de cocos

(Despărțiți gram roșu cu ceapă și nucă de cocos)

Porții 4-6

Ingrediente

300g/10oz toor dhal*

2,8 litri / 5 litri de apă

2 ardei iute verzi, tocat

1 ceapa mica tocata

Sarat la gust

¼ linguriță de turmeric

1½ linguriță ulei vegetal

½ linguriță de semințe de muștar

1 lingura frunze de coriandru tocate marunt

50 g/1¾ oz nucă de cocos proaspătă rasă

Metodă

- Fierbeți toor dhal cu apă, ardei iute, ceapă, sare și turmeric într-o cratiță la foc mediu timp de 1 oră. Pus deoparte.
- Încinge uleiul într-o cratiță. Adăugați semințele de muștar. Lasă-le să sfârâie timp de 15 secunde.
- Se toarnă aceasta în dhal și se amestecă bine.
- Decorați cu frunze de coriandru și nucă de cocos. Se serveste fierbinte.

Dahi Kadhi

(curry pe bază de iaurt)

Pentru 4 persoane

Ingrediente

1 lingura fasolea*

250 g/9 oz iaurt

750 ml / 1¼ litri de apă

2 lingurite de zahar

Sarat la gust

½ lingurita pasta de ghimbir

1 lingura ulei vegetal rafinat

¼ de linguriță de semințe de muștar

¼ linguriță de semințe de chimen

¼ linguriță de semințe de schinduf

8 frunze de curry

10 g/¼ oz frunze de coriandru, tocate mărunt

Metodă

- Se amestecă fasolea cu iaurtul, apa, zahărul, sarea și pasta de ghimbir într-o cratiță mare. Amestecați bine pentru a vă asigura că nu se formează cocoloașe.
- Gatiti amestecul la foc mediu pana incepe sa se ingroase, amestecand des. Se aduce la fierbere. Pus deoparte.
- Încinge uleiul într-o cratiță. Adăugați semințe de muștar, semințe de chimen, semințe de schinduf și frunze de curry. Lasă-le să sfârâie timp de 15 secunde.
- Turnați acest ulei deasupra amestecului de fasole.
- Se ornează cu frunze de coriandru. Se serveste fierbinte.

spanac dhal

(Spanac cu gram verde despicat)

Pentru 4 persoane

Ingrediente

300 g/10 oz mung dhal*

1,9 litri / 3½ litri de apă

Sarat la gust

1 ceapa mare tocata

6 catei de usturoi, tocati

¼ linguriță de turmeric

100 g/3½ oz spanac tocat

½ linguriță amchoor*

Un praf de garam masala

½ lingurita pasta de ghimbir

1 lingura ulei vegetal rafinat

1 lingurita de seminte de chimen

2 linguri frunze de coriandru tocate marunt

Metodă

- Gatiti dhal-ul cu apa si sare intr-o cratita la foc mediu timp de 30-40 de minute.
- Adăugați ceapa și usturoiul. Gatiti timp de 7 minute.
- Adăugați turmeric, spanac, amchoor, garam masala și pastă de ghimbir. Amesteca bine.
- Se fierbe până când dhal-ul este moale și toate condimentele au fost absorbite. Pus deoparte.
- Încinge uleiul într-o cratiță. Adăugați semințele de chimen. Lasă-le să sfârâie timp de 15 secunde.
- Turnați asta deasupra dhal.
- Se ornează cu frunze de coriandru. Se serveste fierbinte

Tawker Dhal

(Linte roșie despicată cu mango necoapt)

Pentru 4 persoane

Ingrediente

300g/10oz toor dhal*

2,4 litri / 4 litri de apă

1 mango verde, fără sâmburi și tăiat în sferturi

½ linguriță de turmeric

4 ardei iute verzi

Sarat la gust

2 lingurițe ulei de muștar

½ linguriță de semințe de muștar

1 lingura frunze de coriandru tocate marunt

Metodă

- Fierbeți dhal-ul cu apă, bucăți de mango, turmeric, ardei iute și sare timp de o oră. Pus deoparte.
- Se incinge uleiul intr-o cratita si se adauga semintele de mustar. Lasă-le să sfârâie timp de 15 secunde.
- Adăugați asta la dhal. Gatiti la foc mic pana se ingroasa.
- Se ornează cu frunze de coriandru. Se serveste fierbinte cu orez aburit

Dhal de bază

(Despărțiți gram roșu cu roșii)

Pentru 4 persoane

Ingrediente

300g/10oz toor dhal*

1,2 litri / 2 litri de apă

Sarat la gust

¼ linguriță de turmeric

½ lingură ulei vegetal rafinat

¼ linguriță de semințe de chimen

2 ardei iute verzi, tăiați pe lungime

1 rosie medie, tocata marunt

1 lingura frunze de coriandru tocate marunt

Metodă

- Gatiti toor dhal cu apa si sare intr-o cratita timp de 1 ora la foc mediu.
- Adăugați turmeric și amestecați bine.
- Dacă dhal-ul este prea gros, adăugați 120 ml de apă. Se amestecă bine și se lasă să stea.
- Încinge uleiul într-o cratiță. Adăugați semințele de chimen și lăsați-le să scuipe 15 secunde. Adăugați ardei iute verzi și roșii. Se prăjește timp de 2 minute.
- Adăugați asta la dhal. Se amestecă și se fierbe timp de 3 minute.
- Se ornează cu frunze de coriandru. Se serveste fierbinte cu orez aburit

Maa-ki-Dhal

(Gram negru bogat)

Pentru 4 persoane

Ingrediente

240 g kaali dhal*

125 g/4½ oz fasole

2,8 litri / 5 litri de apă

Sarat la gust

3,5 cm/1½ in rădăcină de ghimbir, tăiată în fâșii julienne

1 lingurita pudra de chili

3 roșii, piure

1 lingura de unt

2 lingurite ulei vegetal rafinat

1 lingurita de seminte de chimen

2 linguri de smântână

Metodă

- Înmuiați dhal și fasolea împreună peste noapte.
- Gatiti cu apa, sarea si ghimbirul intr-o cratita timp de 40 de minute la foc mediu.
- Adăugați praful de chilli, piureul de roșii și untul. Se fierbe timp de 8-10 minute. Pus deoparte.
- Încinge uleiul într-o cratiță. Adăugați semințele de chimen. Lasă-le să sfârâie timp de 15 secunde.
- Adăugați asta la dhal. Amesteca bine.
- Adăugați smântâna. Se serveste fierbinte cu orez aburit

Dhansak

(Parsi Spicy Red Gram Split)

Pentru 4 persoane

Ingrediente

3 linguri ulei vegetal rafinat

1 ceapa mare, tocata marunt

2 rosii mari, tocate

½ linguriță de turmeric

½ linguriță de pudră de chili

1 lingură dhansak masala*

1 lingura otet de malt

Sarat la gust

Pentru amestecul de dhal:

150g/5½ oz toor dhal*

75 g/2½ oz mung dhal*

75 g/2½ oz masoor dhal*

1 vinete mică, tăiată în sferturi

Bucată de dovleac de 7,5 cm, tăiată în sferturi

1 lingură frunze proaspete de schinduf

1,4 litri / 2½ litri de apă

Sarat la gust

Metodă

- Gătiți ingredientele pentru amestecul de dhal împreună într-o cratiță la foc mediu timp de 45 de minute. Pus deoparte.
- Încinge uleiul într-o cratiță. Prăjiți ceapa și roșiile la foc mediu timp de 2-3 minute.
- Adăugați amestecul de dhal și toate ingredientele rămase. Se amestecă bine și se fierbe la foc mediu timp de 5-7 minute. Se serveste fierbinte.

Masoor Dhal

Pentru 4 persoane

Ingrediente

300g/10oz masoor dhal*

Sarat la gust

un praf de turmeric

1,2 litri / 2 litri de apă

2 linguri ulei vegetal rafinat

6 catei de usturoi, macinati

1 lingurita suc de lamaie

Metodă

- Gatiti dhal, sarea, turmericul si apa intr-o cratita la foc mediu timp de 45 de minute. Pus deoparte.
- Se incinge uleiul intr-o tigaie si se prajeste usturoiul pana devine auriu. Adăugaţi la dhal şi stropiţi cu suc de lămâie. Amesteca bine. Se serveste fierbinte.

Panchemel Dhal

(Amestec de cinci linte)

Pentru 4 persoane

Ingrediente

75 g/2½ oz mung dhal*

1 lingură chana dhal*

1 lingură masoor dhal*

1 lingura toor dhal*

1 lingură urad dhal*

750 ml / 1¼ litri de apă

½ linguriță de turmeric

Sarat la gust

1 lingură ghee

1 lingurita de seminte de chimen

Un praf de asafoetida

½ linguriță garam masala

1 lingurita pasta de ghimbir

Metodă

- Gătiți dhalurile cu apa, turmeric și sare într-o cratiță timp de 1 oră la foc mediu. Amesteca bine. Pus deoparte.
- Se încălzește ghee-ul într-o cratiță. Prăjiți restul ingredientelor timp de 1 minut.
- Adăugați aceasta în dhal, amestecați bine și fierbeți timp de 3-4 minute. Se serveste fierbinte.

Cholar Dhal

(Gram Bengal împărțit)

Pentru 4 persoane

Ingrediente

600g/1lb 5oz chana dhal*

2,4 litri / 5 litri de apă

Sarat la gust

3 linguri ghee

½ linguriță de semințe de chimen

½ linguriță de turmeric

2 lingurite de zahar

3 dinti

2 foi de dafin

2,5 cm/1 inch scorțișoară

2 păstăi de cardamom verde

15 g/½ oz nucă de cocos, tocată și prăjită

Metodă

- Gatiti dhal-ul cu apa si sare intr-o cratita la foc mediu timp de 1 ora. Pus deoparte.
- Încinge 2 linguri de ghee într-o cratiță. Adăugați toate ingredientele, mai puțin nuca de cocos. Lasă-le să sfârâie 20 de secunde. Adăugați dhalul fiert și gătiți, amestecând bine, timp de 5 minute. Adăugați nuca de cocos și 1 lingură de ghee. Se serveste fierbinte.

Dilpasand Dhal

(linte specială)

Pentru 4 persoane

Ingrediente

60 g/2 oz fasole urad*

2 linguri fasole rosie

2 linguri de naut

2 litri / 3½ litri de apă

¼ linguriță de turmeric

2 linguri ghee

2 roșii, albite și făcute piure

2 lingurite de chimion macinat, prajit uscat

125 g/4½ oz iaurt, agitat

120 ml / 4 fl oz smântână groasă

Sarat la gust

Metodă

- Amestecați fasolea, năutul și apa. Înmuiați într-o cratiță timp de 4 ore. Adăugați turmericul și gătiți timp de 45 de minute la foc mediu. Pus deoparte.
- Se încălzește ghee-ul într-o cratiță. Adăugați toate ingredientele rămase și gătiți la foc mediu până când ghee-ul se desparte.
- Adăugați amestecul de fasole și năut. Gatiti la foc mic pana se usuca. Se serveste fierbinte.

Dhal Masoor

(Linte roșie despicată)

Pentru 4 persoane

Ingrediente

1 lingură ghee

1 lingurita de seminte de chimen

1 ceapa mica tocata marunt

2,5 cm/1 inch rădăcină de ghimbir, tocat mărunt

6 catei de usturoi tocati marunt

4 ardei iute verzi, tăiați pe lungime

1 roșie, curățată și făcută piure

½ linguriță de turmeric

300g/10oz masoor dhal*

1,5 litri / 2¾ litri de apă

Sarat la gust

2 linguri frunze de coriandru

Metodă

- Se încălzește ghee-ul într-o cratiță. Adăugați semințele de chimen, ceapa, ghimbirul, usturoiul, ardeiul iute, roșia și turmeric. Se prăjește timp de 5 minute, amestecând des.
- Adăugați dhal, apă și sare. Se fierbe timp de 45 de minute. Se ornează cu frunze de coriandru. Se serveste fierbinte cu orez aburit

Dhal cu vinete

(linte cu vinete)

Pentru 4 persoane

Ingrediente

300g/10oz toor dhal*

1,5 litri / 2¾ litri de apă

Sarat la gust

1 lingura ulei vegetal rafinat

50g/1¾oz vinete, tăiate cubulețe

2,5 cm/1 inch scorțișoară

2 păstăi de cardamom verde

2 dinti

1 ceapa mare, tocata marunt

2 rosii mari, tocate marunt

½ lingurita pasta de ghimbir

½ lingurita pasta de usturoi

1 lingurita coriandru macinat

½ linguriță de turmeric

10 g/¼ oz frunze de coriandru, pentru ornat

Metodă

- Fierbeți dhal-ul cu apă și sare într-o cratiță timp de 45 de minute la foc mediu. Pus deoparte.
- Încinge uleiul într-o cratiță. Adăugați toate ingredientele rămase, cu excepția frunzelor de coriandru. Se prajesc 2-3 minute, amestecand continuu.
- Adăugați amestecul la dhal. Se fierbe timp de 5 minute. Decorați și serviți.

Dhal Tadka galbenă

Pentru 4 persoane

Ingrediente

300 g/10 oz mung dhal*

1 litru / 1¾ litri de apă

¼ linguriță de turmeric

Sarat la gust

3 lingurite ghee

½ linguriță de semințe de muștar

½ linguriță de semințe de chimen

½ linguriță de semințe de schinduf

2,5 cm/1 inch rădăcină de ghimbir, tocat mărunt

4 catei de usturoi tocati marunt

3 ardei iute verzi, tăiați pe lungime

8 frunze de curry

Metodă

- Gatiti dhal-ul cu apa, turmeric si sare intr-o cratita timp de 45 de minute la foc mediu. Pus deoparte.
- Se încălzește ghee-ul într-o cratiță. Adăugați toate ingredientele rămase. Se prăjește timp de 1 minut și se

toarnă peste dhal. Se amestecă bine și se servește fierbinte.

Rasam

(Supa picanta pe baza de tamarind)

Pentru 4 persoane

Ingrediente

2 linguri pasta de tamarind

750 ml / 1¼ litri de apă

8-10 frunze de curry

2 linguri frunze de coriandru tocate

Un praf de asafoetida

Sarat la gust

2 lingurite ghee

½ linguriță de semințe de muștar

Pentru amestecul de condimente:

2 lingurițe de semințe de coriandru

2 linguri toor dhal*

1 lingurita de seminte de chimen

4-5 boabe de piper

1 ardei iute roșu uscat

Metodă

- Prăjiți uscat și amestecați ingredientele amestecului de condimente.
- Amestecați amestecul de condimente cu toate ingredientele, cu excepția ghee-ului și a semințelor de muștar. Gatiti 7 minute la foc mediu intr-o cratita.
- Se încălzește ghee-ul într-o altă cratiță. Adăugați semințele de muștar și lăsați-le să scuipe 15 secunde. Turnați acest lucru direct în rasam. Se serveste fierbinte.

Mung Dhal simplu

Pentru 4 persoane

Ingrediente

300 g/10 oz mung dhal*

1 litru / 1¾ litri de apă

un praf de turmeric

Sarat la gust

2 linguri ulei vegetal rafinat

1 ceapa mare, tocata marunt

3 ardei iute verzi tocati marunt

2,5 cm/1 inch rădăcină de ghimbir, tocat mărunt

5 frunze de curry

2 rosii, tocate marunt

Metodă

- Gatiti dhal-ul cu apa, turmeric si sare intr-o cratita timp de 30 de minute la foc mediu. Pus deoparte.
- Încinge uleiul într-o cratiță. Adăugați toate ingredientele rămase. Se prăjește timp de 3-4 minute. Adăugați asta la dhal. Gatiti la foc mic pana se ingroasa. Se serveste fierbinte.

Mung verde întreg

Pentru 4 persoane

Ingrediente

250 g/9 oz fasole mung, înmuiată peste noapte

1 litru / 1¾ litri de apă

½ lingură ulei vegetal rafinat

½ linguriță de semințe de chimen

6 frunze de curry

1 ceapa mare, tocata marunt

½ lingurita pasta de usturoi

½ lingurita pasta de ghimbir

3 ardei iute verzi tocati marunt

1 rosie, tocata marunt

¼ linguriță de turmeric

Sarat la gust

120 ml lapte

Metodă

- Gatiti fasolea cu apa intr-o cratita timp de 45 de minute la foc mediu. Pus deoparte.
- Încinge uleiul într-o cratiță. Adăugați semințele de chimen și frunzele de curry.
- După 15 secunde, adăugați fasolea fiartă și toate ingredientele rămase. Se amestecă bine și se fierbe timp de 7-8 minute. Se serveste fierbinte.

Dahi Kadhi cu Pakoras

(Curry pe bază de iaurt cu chiftele prăjite)

Pentru 4 persoane

Ingrediente
Pentru pakora:

125 g/4½ oz besan*

¼ linguriță de semințe de chimen

2 lingurite de ceapa tocata

1 ardei iute verde tocat

½ linguriță de ghimbir ras

un praf de turmeric

2 ardei iute verzi tocati marunt

½ linguriță de semințe de ajowan

Sarat la gust

Ulei pentru prajit

Pentru kadhi:

Dahi Kadhi

Metodă

- Într-un castron, amestecați toate ingredientele pakora, cu excepția uleiului, cu suficientă apă pentru a forma un aluat gros. Se prăjesc linguri în ulei încins până se rumenesc.
- Gătiți kadhi și adăugați pakoras la el. Se fierbe timp de 3-4 minute.
- Se serveste fierbinte cu orez aburit

Sweet Green Mango Dhal

(Despărțiți gram roșu cu mango necoapt)

Pentru 4 persoane

Ingrediente

300g/10oz toor dhal*

2 ardei iute verzi, tăiați pe lungime

2 lingurite de zahar brun*, ras

1 ceapă mică, tăiată felii

Sarat la gust

¼ linguriță de turmeric

1,5 litri / 2¾ litri de apă

1 mango verde, decojit și tocat

1½ linguriță ulei vegetal rafinat

½ linguriță de semințe de muștar

1 lingura frunze de coriandru, pentru a decora

Metodă

- Amestecă toate ingredientele, cu excepția uleiului, a semințelor de muștar și a frunzelor de coriandru într-o cratiță. Gatiti 30 de minute la foc mediu. Pus deoparte.
- Încinge uleiul într-o cratiță. Adăugați semințele de muștar. Lasă-le să sfârâie timp de 15 secunde. Turnați asta deasupra dhal. Se decorează și se servește fierbinte.

Malai Dhal

(Desparte gram negru cu crema)

Pentru 4 persoane

Ingrediente

300g/10oz urad dhal*, la macerat timp de 4 ore

1 litru / 1¾ litri de apă

500 ml/16 fl oz lapte, fiert

1 lingurita turmeric

Sarat la gust

½ linguriță amchoor*

2 linguri de smântână

1 lingură ghee

1 lingurita de seminte de chimen

2,5 cm/1 inch rădăcină de ghimbir, tocat mărunt

1 roșie mică, tocată mărunt

1 ceapa mica tocata marunt

Metodă

- Gatiti dhal-ul cu apa la foc mediu timp de 45 de minute.
- Adăugați lapte, turmeric, sare, amchoor și smântână. Se amestecă bine și se fierbe timp de 3-4 minute. Pus deoparte.
- Se încălzește ghee-ul într-o cratiță. Adăugați semințele de chimen, ghimbirul, roșiile și ceapa. Se prăjește timp de 3 minute. Adăugați asta la dhal. Se amestecă bine și se servește fierbinte.

Sambhar

(Amestec de linte și legume gătite cu condimente speciale)

Pentru 4 persoane

Ingrediente

300g/10oz toor dhal*

1,5 litri / 2¾ litri de apă

Sarat la gust

1 lingura ulei vegetal rafinat

1 ceapă mare, tăiată subțire

2 lingurite pasta de tamarind

¼ linguriță de turmeric

1 ardei iute verde, tocat

1½ linguriță pudră de sambhar*

2 linguri frunze de coriandru tocate marunt

Pentru condimente:

1 ardei iute verde, tăiat pe lungime

1 linguriță de semințe de muștar

½ linguriță urad dhal*

8 frunze de curry

¼ lingurita asafoetida

Metodă

- Se amestecă toate ingredientele de condimente. Pus deoparte.
- Gatiti toor dhal cu apa si sare intr-o cratita la foc mediu timp de 40 de minute. Se macină bine. Pus deoparte.
- Încinge uleiul într-o cratiță. Adăugați ingredientele de condimente. Lasă-le să sfârâie 20 de secunde.
- Adăugați dhalul fiert și toate ingredientele rămase, cu excepția frunzelor de coriandru. Se fierbe timp de 8-10 minute.
- Se ornează cu frunze de coriandru. Se serveste fierbinte.

trei dhal

(Linte amestecată)

Pentru 4 persoane

Ingrediente

150g/5½ oz toor dhal*

75 g/2½ oz masoor dhal*

75 g/2½ oz mung dhal*

1 litru / 1¾ litri de apă

1 rosie mare, tocata marunt

1 ceapa mica tocata marunt

4 catei de usturoi tocati marunt

6 frunze de curry

Sarat la gust

¼ linguriță de turmeric

2 linguri ulei vegetal rafinat

½ linguriță de seminţe de chimen

Metodă

- Înmuiați dhalurile în apă timp de 30 de minute. Gatiti cu restul ingredientelor, cu exceptia uleiului si chimenului, timp de 45 de minute la foc mediu.
- Încinge uleiul într-o cratiță. Adăugați semințele de chimen. Lasă-le să sfârâie timp de 15 secunde. Turnați asta deasupra dhal. Amesteca bine. Se serveste fierbinte.

Methi-Drumstick Sambhar

(schinduf și tobe cu gram roșu despicat)

Pentru 4 persoane

Ingrediente

300g/10oz toor dhal*

1 litru / 1¾ litri de apă

un praf de turmeric

Sarat la gust

2 tobe indiene*, Tocat

1 lingurita ulei vegetal rafinat

¼ de linguriță de semințe de muștar

1 ardei iute roșu, tăiat în jumătate

¼ lingurita asafoetida

10 g/¼ oz frunze proaspete de schinduf, tocate

1¼ linguriță de pudră de sambhar*

1¼ linguriță de pastă de tamarind

Metodă

- Amestecă dhal, apă, turmericul, sare și bețișoare într-o cratiță. Gatiti 45 de minute la foc mediu. Pus deoparte.
- Încinge uleiul în tigaie. Adăugați toate ingredientele rămase și prăjiți timp de 2-3 minute. Adăugați aceasta în dhal și fierbeți timp de 7-8 minute. Se serveste fierbinte.

Dhal Shorba

(Supă de linte)

Pentru 4 persoane

Ingrediente

300g/10oz toor dhal*

Sarat la gust

1 litru / 1¾ litri de apă

1 lingura ulei vegetal rafinat

2 cepe mari, feliate

4 catei de usturoi, macinati

50g/1¾oz frunze de spanac, tocate mărunt

3 rosii, tocate marunt

1 lingurita suc de lamaie

1 lingurita garam masala

Metodă

- Gătiți dhal, sare și apă într-o cratiță la foc mediu timp de 45 de minute. Pus deoparte.
- Incalzeste uleiul. Prăjiți ceapa la foc mediu până se rumenește. Adăugați toate ingredientele rămase și gătiți timp de 5 minute, amestecând des.

- Adăugați acest lucru la amestecul de dhal. Se serveste fierbinte.

Mung delicios

(Mung întreg)

Pentru 4 persoane

Ingrediente

250 g/9 oz fasole mung

2,5 litri / 4 litri de apă

Sarat la gust

2 cepe medii, tocate

3 ardei iute verzi, tocat

¼ linguriță de turmeric

1 lingurita pudra de chili

1 lingurita suc de lamaie

1 lingura ulei vegetal rafinat

½ linguriță de semințe de chimen

6 catei de usturoi, macinati

Metodă

- Înmuiați fasolea mung în apă timp de 3-4 ore. Gatiti intr-o cratita cu sare, ceapa, ardei iute verde, turmeric si praf de ardei iute la foc mediu timp de 1 ora.
- Adăugați sucul de lămâie. Se fierbe timp de 10 minute. Pus deoparte.
- Încinge uleiul într-o cratiță. Adăugați semințele de chimen și usturoiul. Se prăjește timp de 1 minut la foc mediu. Turnați asta în amestecul de mung. Se serveste fierbinte.

Masala Toor Dhal

(Divizat Gram roșu picant)

Pentru 4 persoane

Ingrediente

300g/10oz toor dhal*

1,5 litri / 2¾ litri de apă

Sarat la gust

½ linguriță de turmeric

1 lingura ulei vegetal rafinat

½ linguriță de semințe de muștar

8 frunze de curry

¼ lingurita asafoetida

½ lingurita pasta de ghimbir

½ lingurita pasta de usturoi

1 ardei iute verde tocat fin

1 ceapa tocata marunt

1 rosie, tocata marunt

2 lingurite suc de lamaie

2 linguri frunze de coriandru, pentru a decora

Metodă

- Gatiti dhal-ul cu apa, sare si turmeric intr-o cratita timp de 45 de minute la foc mediu. Pus deoparte.
- Încinge uleiul într-o cratiță. Adăugați toate ingredientele, cu excepția sucului de lămâie și a frunzelor de coriandru. Se prăjește 3-4 minute la foc mediu. Turnați asta deasupra dhal.
- Adăugați sucul de lămâie și frunzele de coriandru. Amesteca bine. Se serveste fierbinte.

Mung Dhal galben uscat

(Gram galben uscat)

Pentru 4 persoane

Ingrediente

300 g/10 oz mung dhal*, înmuiat timp de 1 oră

250 ml/8 fl oz apă

¼ linguriță de turmeric

Sarat la gust

1 lingură ghee

1 lingurita amchoor*

1 lingura frunze de coriandru tocate

1 ceapa mica tocata marunt

Metodă

- Gatiti dhal-ul cu apa, turmeric si sare intr-o cratita timp de 45 de minute la foc mediu.
- Se încălzește ghee-ul și se toarnă deasupra dhal. Deasupra presara amchoor, frunze de coriandru si ceapa. Se serveste fierbinte.

intreaga urad

(gram negru întreg)

Pentru 4 persoane

Ingrediente

300 g/10 oz fasole urad*, spălat

Sarat la gust

1,25 litri / 2½ litri de apă

¼ linguriță de turmeric

½ linguriță de pudră de chili

½ linguriță pudră de ghimbir uscat

¾ linguriță garam masala

1 lingură ghee

½ linguriță de semințe de chimen

1 ceapa mare, tocata marunt

2 linguri frunze de coriandru tocate marunt

Metodă

- Fierbeți fasolea urad cu sare și apă într-o cratiță timp de 45 de minute la foc mediu.
- Adăugați turmeric, pudră de chilli, pudră de ghimbir și garam masala. Se amestecă bine și se fierbe timp de 5 minute. Pus deoparte.
- Se încălzește ghee-ul într-o cratiță. Adăugați semințele de chimen și lăsați-le să scuipe 15 secunde. Adăugați ceapa și căleți la foc mediu până devine auriu.
- Adăugați amestecul de ceapă în dhal și amestecați bine. Se fierbe timp de 10 minute.
- Se ornează cu frunze de coriandru. Se serveste fierbinte.

Dhal Fry

(Despărțiți gram roșu cu condimente prăjite)

Pentru 4 persoane

Ingrediente

300g/10oz toor dhal*

1,5 litri / 2¾ litri de apă

½ linguriță de turmeric

Sarat la gust

2 linguri ghee

½ linguriță de semințe de muștar

½ linguriță de semințe de chimen

½ linguriță de semințe de schinduf

2,5 cm/1 inch rădăcină de ghimbir, tocat mărunt

2-3 catei de usturoi, tocati marunt

2 ardei iute verzi tocati marunt

1 ceapa mica tocata marunt

1 rosie, tocata marunt

Metodă

- Gatiti dhal-ul cu apa, turmeric si sare intr-o cratita timp de 45 de minute la foc mediu. Amesteca bine. Pus deoparte.
- Se încălzeşte ghee-ul într-o cratiţă. Adăugaţi muştar, chimen şi seminţe de schinduf. Lasă-le să sfârâie timp de 15 secunde.
- Adăugaţi ghimbir, usturoi, ardei iute verzi, ceapă şi roşii. Se prăjeşte la foc mediu timp de 3-4 minute, amestecând des. Adăugaţi asta la dhal. Se serveste fierbinte.

www.ingramcontent.com/pod-product-compliance
Lightning Source LLC
Chambersburg PA
CBHW050152130526
44591CB00033B/1279